"家教门风"系列丛书

读懂我的 N 岁孩子

6—8岁

尚立富◎丛书主编

温爱丽◎本书主编

刘 丹 史 篇 马博辉◎本书副主编

现代教育出版社

Modern Education Press

图书在版编目（CIP）数据

读懂我的N岁孩子. 6–8岁 / 温爱丽主编. — 北京：现代教育出版社，2023.12

（"家教门风"系列丛书/ 尚立富主编）

ISBN 978-7-5106-9360-1

Ⅰ.①读… Ⅱ.①温… Ⅲ.①小学生－家庭教育Ⅳ.①G782

中国国家版本馆CIP数据核字(2023)第231058号

读懂我的N岁孩子（6—8岁）

"家教门风"系列丛书

出 品 人	陈 琦
丛书主编	尚立富
本书主编	温爱丽
选题策划	李 硕
责任编辑	吴 薇
封面设计	赵歆宇
出版发行	现代教育出版社
地　　址	北京市东城区鼓楼外大街荣宝大厦3层
邮　　编	100120
电　　话	010-64252230（编辑部）　010-64256130（发行部）
印　　刷	北京建宏印刷有限公司
开　　本	710 mm × 1000 mm 1/ 16
印　　张	8.25
字　　数	120千字
版　　次	2023年12月第1版
印　　次	2023年12月第1次印刷
书　　号	ISBN 978-7-5106-9360-1
定　　价	45.00元

"家教门风" 系列丛书

编委会

目录 Contents

目录

Contents

目录

目录

PART1

成长中的孩子

第1章
孩子的能力发展

　　低年级孩子正经历着成长过程中的巨大变化。成为一名小学生，对孩子自身及其家庭而言都是一个里程碑式的时刻。六七岁的孩子，小脑袋可以有意识地记忆一些东西，他们也可以对某些事情保持一定的注意力，但前提是这些事足够有趣。他们开始小学阶段的学习，开始识字、写字，可毕竟是初次体验，还存在诸多问题和困难……父母若了解相关知识，就可以更好地帮助孩子健康成长，迈好学生时代的第一步。

1. 难以掌控的注意力

　　第一次和老师沟通孩子在学校的情况，亮亮妈妈拿着手机有些紧张，也有些期待。孩子刚升入小学，自己也是第一次成为小学生的妈妈，两个人都是经验不足的"新手"。接通电话后，亮亮妈妈的心情随着班主任周老师话语的展开变得越来越沉重。根据周老师的描述，亮亮上课的时候经常走神，不能专心听讲，总是被班里某个同学的声音或者动作吸引，听课效率不高。不过，周老师安慰亮亮妈妈：孩子刚上小学，进入状态可能还需要一段时间。即便老师这样说，亮亮妈妈挂断电话后还是忧心忡忡，想着老师可能是出于礼貌，说得比较委婉，孩子在学校的表现肯定不好；又想到虽然孩子刚刚上小学，需要一个适应过程，可听课习惯如果没有从一开始就培养好，以后想改就更难了。

作为低年级小学生的父母，你是不是也有这样的感受：对孩子进入小学有些期待，但更多的还是感到紧张和有压力，总担心孩子适应不了小学的生活，会对孩子在某一方面表现不尽如人意而焦虑不安，认为那样会影响孩子未来的学习。相信很多父母的答案是肯定的。面对这种情况，父母应该怎么做呢？

首先，放松心态很重要

低年级是孩子成长非常重要的阶段，很多父母能够意识到这一点。但俗话说"过犹不及"，过度紧张焦虑就容易让人失去理智，做出一些不正确的判断或不适宜的行为，对孩子造成伤害。所以，父母应该合理地调节自己的情绪，将紧张焦虑转化为学习新知、寻找解决问题的方法的动力，以更好地引导和帮助孩子。

其次，培养兴趣，提高孩子的注意力

低年级的孩子由于大脑发育还不完善，对自身注意力的控制能力不高，正处在注意力容易分散的年龄。因此，低年级的孩子在每节课35—40分钟内，想要全程集中注意力，专心听老师讲课并不容易。所以前面事例中亮亮的班主任周老师的话并不完全是出于礼貌的安慰，注意力难以集中是低年级孩子普遍存在的现象。那么，在有限的注意时长之下，怎样帮助孩子提高注意力呢？这时候"内容有趣"就成了一个有力的法宝。低年级孩子容易被有趣的事情吸引，如果学习的内容足够有趣，他们往往就可以把注意力放在学习上。

建议父母尽可能激发孩子对学习内容的兴趣，愿意去学习，而不是逼着孩子在课堂上听老师讲课。比如，对于拼音识字，父母平时可以为孩子准备

一些带拼音的有趣的故事书，在陪孩子一起读故事的过程中激发孩子学习拼音、认识汉字的兴趣，让孩子意识到学会拼音、认识更多的汉字才能读更多有趣的故事书，这样孩子才会从内心渴望学习。在老师讲授拼音、汉字知识的时候，他们若对汉字背后的故事产生兴趣，注意力自然也就被老师吸引了。

儿童注意力的发展规律 ①

很多父母会无意识地用自己的能力和标准去评判孩子的行为，认为短短一节课的时间孩子为什么就不能集中注意力全神贯注地听老师讲课呢？事实上，每个人注意力的水平都有一个发展的过程，再优秀的孩子也无法在小学一年级的时候达到成人的水平，所以我们不妨一起来了解一下儿童注意力的发展规律，从而更加科学正确地评价孩子的表现。

（1）小学生集中和控制注意力的能力较弱，低年级孩子注意力集中时间一般在 20 分钟左右。

7—10 岁孩子可以持续集中注意力 20 分钟左右。

10—12 岁孩子注意力集中时间在 25 分钟左右。

12 岁以上孩子注意力集中时间在 30 分钟左右。

高年级孩子对较为有趣的内容可以保持注意力 40 分钟。

（2）7—10 岁孩子以无意注意为主，容易分心，容易受到外界环境的干扰。此时，学习材料的有趣程度对孩子注意力影响极大。

（3）10 岁以后，孩子以有意注意为主，注意力的控制能力增强。

（4）在整个小学时期，学生注意力的集中性逐步发展，低年级学生的注

---

① 边玉芳. 读懂孩子：心理学家实用教子宝典（6—12 岁）[M]. 北京：北京师范大学出版社，2014.

意的集中性很差，更容易观察具体形象的事物。

（5）小学生的注意有明显的情绪色彩，容易为一些新鲜刺激所激动，流露出各种各样的情绪。

视觉练习：舒尔特方格

舒尔特方格是科学、简单、有效的注意力训练方法，可以用来培养注意力集中、分配等能力，对拓展视幅有明显效果。

1. 准备工作

首先要制作5×5的方格，然后把数字1—25打乱顺序填到格中，如下图所示。

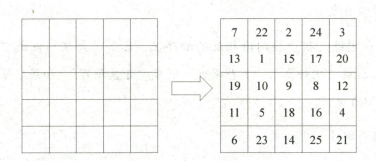

2. 开始游戏

方格制作好后就可以开始练习了。练习时用秒表记录时长，练习者要按照从1到25的顺序迅速找到这些数字的位置，用时越短说明注意力越集中。研究表明：7—8岁儿童按顺序找到每张方格中数字的时间是30—50秒。

3. 注意事项

在做这个练习的时候尽量减少眨眼次数，力求在最短的时间内完成。

初次练习时，也可以制作3×3（共9格）的方格进行练习，熟悉方法后再增加至25格。

当然一张方格是不够用的，为了避免同一张方格的反复使用而影响练习效果，需要制作不同难度、不同数字序列的舒尔特方格。

在做这个游戏的过程中，孩子在寻找目标数字时注意力是需要高度集中的，通过反复练习能有效提升注意力水平。

听觉练习：词语反着读

1. 准备工作

父母在心里想好若干词语。为了加快游戏节奏，也可以把想好的词语写在纸上。

2. 开始游戏

父母说词语，孩子按词语相反的顺序说，比如"大象"说成"象大"，"真好吃"说成"吃好真"，"百花盛开"说成"开盛花百"。如果孩子能够流畅说出，即为胜利。

3. 注意事项

对于6—7岁的孩子来说，父母准备的词语应该是孩子掌握的词汇量中已有的，不应使用那些孩子未学过的词语，否则人为增加理解难度就干扰了孩子注意力的训练。

同样，游戏难度应该循序渐进，先从两个字的词语开始，慢慢增加到三个字，再增加到四个字。

以上游戏仅供参考，父母也可以在此基础上设计出更多帮助孩子提升注意力的游戏。

2. 重复多少遍才记得住

周末，丁丁妈妈陪着儿子一起背诵古诗。当丁丁妈妈可以将一首古诗倒背如流时，丁丁还在磕磕巴巴重复背诵第二句。丁丁妈妈的脾气终于抑制不住，大声呵斥丁丁："就这么简单的一首古诗，你怎么就是记不住呢？！你到底有没有用心记？一句话来来回回重复了无数次，为什么还是背不下来！"

"要我说多少遍你才记得住！"有多少父母曾经说过类似的话呢？相信脾气再好的父母，面对孩子对一个知识点重复背诵了无数遍却依然记不住的时候，多多少少都会产生一些不良情绪。记忆是需要方法的，掌握好的方法确实可以达到事半功倍的效果。然而要想提高孩子的记忆力，除了好的方法之外，还需要考虑他们的记忆发展规律和特点。

对低年级的孩子而言，重复就是他们最擅长的记忆方法。就像上文背古诗的丁丁一样，想要记住一些诗句，就需要不断重复背诵。低年级的孩子如果为了记住某一首诗而一遍遍地重复背诵，却被父母训斥不专心、不投入，他们会感到委屈。对于那些陪伴孩子学习的父母，有以下三点温馨提示。

第一，耐心对父母和孩子都十分重要

对于绝大多数父母而言，辅导小学低年级孩子的学习并不困难，有的父母甚至会不自觉地用成年人的思维去看问题，认为记这些知识十分简单。正因为如此，父母容易产生一种不合理的观念：这么简单还记不住，这么容易都算不对……在这种不合理观念的支配下，父母在辅导孩子学习时就极容易失去耐心，变得烦躁、焦虑，甚至产生愤怒情绪。事实上，即使是简单的诗

句"锄禾日当午，汗滴禾下土"，对于较少接触古诗的孩子来说，记住它也并不容易。了解了这一点，父母对待孩子应有更多的耐心。

第二，利用一切可以重复的机会帮助孩子巩固记忆

当父母已经意识到重复是低年级孩子最好的记忆方式时，那么抓住一切可以重复的机会帮助孩子巩固记忆就变得十分必要。还是以前面提到的古诗背诵为例，春日的周末，父母带孩子一起去公园郊游时，看到微风下的柳条、明媚的春光，就可以非常自然地引导孩子吟诵需要背诵的古诗。当然，除了口头重复，父母还可以选择其他的方式，比如和孩子共同设计一些小卡片，贴在家里醒目的地方，这样既装饰了房间，又起到了帮助孩子重复记忆的作用。

第三，巧用思维导图这一科学的思维工具

思维导图也叫心智导图，是把知识、逻辑、思维用图文并茂的形式视觉化地呈现出来，基本展现方式是"要点＋图形"。

低年级孩子喜欢涂鸦，平时，父母可以利用孩子的这个喜好，用思维导图的方式指导孩子高效记忆。思维导图可以帮助孩子抓住记忆重点，厘清记忆的顺序，弄清记忆内容之间的联系，降低记忆的难度。

常见的思维导图有圆圈图、气泡图、树状图、流程图、括号图和桥型图。部分图例如下：

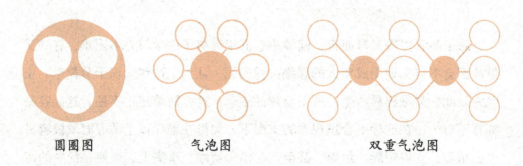

圆圈图　　　　气泡图　　　　双重气泡图

圆圈图、气泡图主要用来说明一件事或描述事物特征，中间的部分写主题，外面的部分写和这个主题有关的细节或特征。这两种图形易于孩子掌握和使用。

下面以圆圈图和流程图为例，进行详细介绍。

在描述春天的特征时，可以用圆圈图来表示。

一年级语文教材中有一篇课文叫《青蛙写诗》，要求说一说青蛙写诗的时候谁来帮忙了，孩子就可以用简单的流程图来表示自己对课文的理解。

课文原文如下：

下雨了，

雨点儿淅沥沥，沙啦啦。

青蛙说："我要写诗啦！"

小蝌蚪游过来说：

"我要给你当个小逗号。"

池塘里的水泡泡说：

"我能当个小句号。"

荷叶上的一串水珠说：

"我们可以当省略号。"

青蛙的诗写成了：

"呱呱，呱呱，呱呱呱。

呱呱，呱呱，呱呱呱……"

例图：

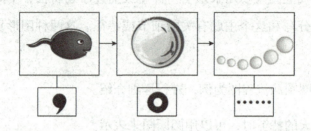

当然，这些基本图形可以根据个人的喜好绘画，让画面更有趣，为孩子带来更多记忆的乐趣。

四种常见的记忆策略①

策略	定义	在童年中期的发展	事例
外部记忆辅助物	借助外界事物来提示	5—6 岁的儿童能够做到，但 8 岁以后才更多地使用此类策略	戴娜为自己今天要做的事情列了一张清单
复述	有意识地重复	6 岁可以学会使用，7 岁能够自发使用	依依一遍又一遍地拼写单词字母直到记住
组织	根据类别分组	10 岁以前的大部分儿童不会使用，但能通过学习掌握	露露回忆在动物园见过的动物时，首先想到的是哺乳动物，然后是爬行动物、两栖动物、鱼类、鸟类
精细加工	将所有项目与想象的场景或故事等其他事物相联系	年长的儿童更有可能自发使用此类策略，并在使用自己构建的联系时记忆更佳；年幼的儿童在使用他人帮助构建的联系时记忆更佳	蓝达在记忆五线谱（E，G，B，D，F）时将它们与句子"Every good boy does fine"相联系

① 帕帕拉，奥尔兹，费尔德曼．发展心理学——从生命早期到青春期：上册 [M]．第 10 版．李西营，等译．北京：人民邮电出版社，2013．

3. 写出的字歪歪扭扭

妞妞妈妈最近辅导孩子学习时变得很焦虑，尤其是在陪孩子一起练习写字时，心中总会不自觉地升起一股火。母女俩经常出现以下对话：

"写快点，别总磨磨蹭蹭的，眼睛看哪儿呢？！"

"哦。"

"坐好了，别趴在桌子上！"

"眼睛离书本远一点儿！"

"擦了重写，你写的这个字能看吗？"

"哦。"

（此时的妞妞已经被妈妈言语上的"狂轰滥炸"彻底打垮了，眼睛里也开始涌出泪水。）

"哭什么哭，赶紧擦掉重写……"

"写一手好字"是父母对孩子的期望，为此，从小督促孩子练字就成了不少父母的一项必备功课。进入小学的孩子开始系统地学习拼音和汉字，也正式开启了他们的写字之路。

不少孩子在刚学习写汉字的时候会出现上面故事中妞妞的情况，如写字慢，字写得歪七扭八、过大或者过小，等等。一般情况下，低年级孩子在学写字过程中出现上述问题，多半是由于上肢稳定性差，小肌肉群动作不协调。

什么是小肌肉群动作、小肌肉技巧

小肌肉群动作指的是手、眼睛、嘴部肌肉动作，以及手与眼的协调动作等局部运动，也可称为精细动作，其中以手部动作为主。手部动作是由人脑的高级神经中枢发送指令来完成的动作，体现手部小肌肉群的活动能力。

小肌肉技巧是指运用及协调眼球、手臂、手掌、手指去接触、探索、认识、控制四周环境的能力。实际上，儿童在体能及认知的发展过程中，常利用双手进行探索，并在视觉的反馈下不断尝试操作物件（如玩具），从而逐步发展日常生活及学习中所需的小肌肉功能。

有研究显示，儿童的自我照顾能力发展与小肌肉技巧发展有密切的关系。儿童在学习书写、进食、如厕、穿衣和梳洗等技能过程中，不但能培养自我照顾能力，还可借此建立个人的满足感、自信心和责任感。

了解了上述情况，当孩子写字遇到困难时，父母可以从哪些方面来改善孩子的身体机能、促进孩子的小肌肉发育，解决孩子写字过程中出现的问题，帮助孩子调整和改善写字情况呢？

策略一：进行手部肌肉训练

孩子不能灵活地握笔写字，写出来的字经常歪歪扭扭，这和他们手部肌肉的发育不完善有很大的关系，因此父母可以给孩子适当增加一些促进手部肌肉发育的活动，比如陪孩子完成一些手工制作（绘画、剪纸、折纸、泥塑等）。这些活动不仅可以很好地锻炼孩子的手部灵活性，还可以启发大脑，培养孩子的想象力和创造力。

鼓励孩子学会自理，让他们尝试独立完成一些力所能及的事情，也可以很好地帮助其训练手眼协调能力，促进小肌肉发育。比如，让孩子自己穿衣服、系扣子、系鞋带。同时也可以创造机会让孩子参与部分家务劳动，如扫地、擦桌子、整理物品等，这些活动对孩子的小肌肉训练会有所帮助。

策略二：选择恰当的体育运动辅助手部肌肉训练

加强体育运动不仅可以强身健体，增强孩子的抵抗力，一些运动项目也有助于孩子手部肌肉的训练。对于低年级孩子而言，拍球就是一个非常好的选择。每天坚持用手拍球，可以增强孩子手部和上肢的力量以及四肢的协调性。

策略三：约定亲子练字时间

对于低年级的孩子而言，学习写字是一项比较困难又有些无趣的活动，比起拼音识字和读故事书，写字对他们的吸引力要小很多。在孩子的认知里，学习写字并不是一件多么重要的事情。为了让孩子意识到写得一手好字的意义，引导孩子主动练习写字，父母可以和孩子约定亲子练字的时间，陪孩子一起写字；还可以设置一些简单的游戏以及奖励机制，让原本枯燥的练字过程变得有趣。

练字是一个漫长且枯燥的过程，无论是对孩子还是对成人都是如此，想要写得一手好字，就需要长期坚持不懈地努力。低年级的小学生刚开始学习写字，此时发现孩子写字时出现的问题并加以解决，相对而言还是非常容易的。

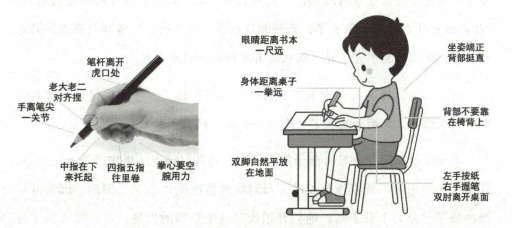

正确的握笔姿势和正确的书写姿势

4. 天马行空的想象

一年一度的小学生科学幻想画比赛又要开始了。美术社团的张老师为了鼓励孩子们积极参加比赛，特意将社团训练时间留给孩子们进行创作，并针对不同孩子的情况给予指导和帮助。本次比赛的主题是"垃圾分类"，孩子们要根据这一主题展开想象，完成绘画创作。课堂上，张老师一再强调，创作科幻画要有想法、有创意，大家可以天马行空地去想，越有特点的作品越容易受到评委老师的喜欢，从而获得好的成绩。于是，孩子们充分发挥想象力创作，各种奇特的垃圾车、动物和植物等元素出现在孩子们的画作里。有了老师的肯定和鼓励，孩子们认真地涂涂画画，创作过程十分愉快。

距离提交比赛作品的日子越来越近。一天下午放学后，跳跳妈妈来学校接孩子回家，顺便问起了跳跳的参赛作品。此前孩子一直神神秘秘的，回到家后，妈妈第一次看到跳跳的参赛作品，画作和自己期待中的样子相差甚远：颜色有些灰暗，各种形状也甚是奇怪。在她的认知里，这实在算不上一幅美丽的作品。她不禁有些怀疑：这样的画真的可以参赛吗？她回忆前两次和美术张老师的沟通情况，当时张老师说跳跳是一个非常有绘画天赋的孩子，希望家长可以支持孩子学习绘画。于是她放下心里的疑惑，非常耐心地问跳跳："你画的是什么呀？太神奇了，妈妈都有些看不懂了呢！"看到妈妈充满好奇的样子，跳跳心里乐开了花，认认真真地给妈妈讲解起来……

一个月后，比赛结果出来了，跳跳的作品获得了一等奖，这让跳跳妈妈既骄傲又惊讶，她为女儿买了一个大蛋糕来庆祝，也开始默默反省自己。

不少父母在陪伴和教育孩子的过程中，总觉得孩子的想法过于天马行空，让他们无法理解。低年级孩子的父母对这种情况的体会尤为深刻。因为低年级的孩子想象力十分丰富，他们开始接触这个新鲜的世界，对一切充满了好奇和兴趣，又没有过多地受到外界环境的约束，所以这个阶段是培养儿童想象力非常重要的时期。想象力对于孩子未来的学习和成长会起很大的促进作用，是孩子一生中十分宝贵的财富。

第一，想象力是学科学习中不可或缺的品质

如果我们细想学生时代的学习情况，可以发现几乎所有学科的学习都需要依靠想象力的支撑。语文课学习写作时，如果缺少想象力，写出的文章大多不出彩，读起来枯燥乏味。数学课学习几何图形，也需要充分发挥想象力，在头脑中构建一个个立体图形和一个个空间画面。理解、运用、总结、完善学习方法也离不开想象力。想象力可以帮助学生更好地串联知识，构建知识体系框架，将前后学习的内容融会贯通。

第二，想象力是儿童思维发展的重要桥梁

想象力是个体通过大脑把看到的形象进行改造重组，创造出新的形象的能力。因此，想象力作为从形象思维向抽象思维过渡的桥梁，可以帮助儿童以形象思维为依托，锻炼并不断提升抽象思维能力，发展综合思维能力。

第三，想象力有助于儿童情商的发展

拥有丰富想象力的人，可以更好地洞察自己的内心世界和情感需求，对生活充满热情和期待；可以通过想象构建丰富多彩的生活，装点自己的世界。同时，想象力也能够帮助我们更好地走进他人的心里，感受对方的情绪状态。

认识到想象力对儿童学习和成长的重要性，父母就应有意识地加强孩子想象力的训练和培养，具体可以参考以下方法。

策略一：让孩子阅读科学幻想类书籍

研究表明，小学阶段的儿童偏爱阅读科学幻想类书籍，这正是培养儿童想象力的有利条件。根据小学低年级学生的阅读能力和身心发展特点，父母可以为孩子选择一些图文并茂的科学幻想类书籍。在阅读这类书籍的过程中，

孩子们可以想象未来，书籍可以满足他们对未知世界的好奇心和求知欲。这类书籍的内容可以帮助儿童开阔眼界，也可以成为儿童想象的素材和原型。

策略二：丰富表象，开发儿童想象力的更多可能

虽然想象看似天马行空、毫无依据，与现实世界的真实场景相差甚远，但实际上所有的想象都不是凭空产生的，而是依托丰富的表象原型积累而成的。所谓表象，通俗而言就是生活中我们所看到的一切景象和其中包含的各种元素在头脑中再现的形象。开发儿童想象力的一个重要途径就是帮助其积累丰富的表象原型。父母可以带孩子参加各种活动，例如参观博物馆，观看影视作品，欣赏话剧表演，帮助孩子开阔眼界、增长见识、丰富人生体验，进而积累表象原型。

策略三：借助有趣的任务和游戏，刺激儿童想象力发展

为了更好地激发儿童的想象力，父母可以陪伴孩子完成一些亲子游戏或者小课题研究，比如经典的默契考验游戏"你来比画我来猜"。还可以借助一些孩子感兴趣的问题，激发他们探索、求知的欲望，带着问题寻找答案的过程可以很好地发展孩子的想象力。

拓 展 阅 读

儿童思维发展的四个阶段

感知运动阶段（0—2岁）	1. 低级图式。认知活动主要是通过探索感知觉与运动之间的关系来获得动作经验 2. 客体永恒性，9—12个月形成
前运算阶段（2—7岁）	1. "泛灵论" 2. 一切以自我为中心 3. 思维具有不可逆性、刻板性 4. 尚未获得物体守恒的概念 5. 做出判断只有一个标准或维度

具体运算阶段 （7—11 岁）	1. 这个阶段的标志是质量守恒 2. 凭借具体事物或从具体事物中获得的表象进行逻辑思维运算 3. 去集中化是具体运算阶段儿童思维成熟的最大特征 4. 思维具有可逆性
形式运算阶段 （11—16 岁）	1. 思维以命题形式进行 2. 理解符号的意义、隐喻和直喻，能够做一定的概括 3. 思维具有可逆性、灵活性和补偿性

第2章
孩子良好习惯的培养

很多人听说过这样一句话："播种一种行为，收获一种习惯；播种一种习惯，收获一种性格；播种一种性格，收获一种命运。"这是讲好习惯的重要性。好习惯的养成是一件十分重要的事情，它可以影响孩子的性格塑造和未来成长。

1. 主动问好

周末妈妈带着小静去好友家里做客，按响门铃之后，室内很快传来了欢快的应答声，房门打开，迎接母女俩的是一张热情洋溢的笑脸。刘阿姨亲切地和小静打招呼："这就是静静吧，一段时间不见又长高了不少呢，今年上小学了吧？"小静低声回了一个"嗯"，就再也没有说话。小静妈妈看着安安静静站在自己身旁的女儿，心想，这孩子都上二年级了还这么不爱说话，于是说："阿姨跟你说话呢，你怎么也不吭声，快跟阿姨打招呼！这孩子怎么这么没礼貌呢。"

不少父母会有这样的感受，孩子越长大越不爱说话。事实上，主动问好也是一种好习惯，如果孩子平时养成主动和他人打招呼的习惯，他们就会觉得见到他人主动问好是一件非常自然的事情。一句简单的问候语不仅可以显示出孩子的礼貌和教养，并且对提高孩子的人际交往能力也十分有益。

父母应如何引导孩子养成主动向他人问好的习惯呢？

策略一：人前引导，人后教育

很多父母容易犯和上述例子中小静妈妈一样的错误，就是当着外人的面教育孩子。当孩子在外人面前出现问题时，有些父母往往会通过直接指责来挽回自己的面子，缓解自己的尴尬。殊不知这个年龄段的孩子内心非常敏感脆弱，他们在乎自己留给他人的印象，在乎父母对自己的评价。所以即便孩子真的犯了错误，父母也要尽量避免在公共场合过分地指责，要保护孩子的自尊心。

如果孩子在外面犯错了，父母当时就什么都不管、不说，等回家之后再教育吗？当然不是。即刻的反馈是最有教育效果的，所以在孩子出现问题的第一时间给予他提示十分必要，父母可以选择以引导为主的方式提醒孩子。例如，孩子见到叔叔阿姨没有主动打招呼，父母觉得这样不礼貌，这时可以自己先向对方问好，再引导孩子问好。当孩子问好之后，父母还可以顺势表扬一句。虽然父母并没有指出孩子行为的不当，但一句提醒和一句表扬，也可以让孩子明白应该怎样做。

策略二：采用恰当的奖励机制，激励孩子主动开口

对于小学低年级的孩子而言，恰当的奖励对孩子养成好习惯是有帮助的。因为这个年龄段的孩子非常重视来自父母或者老师的认可，而获得表扬和奖励是他们认为被认可的标志。低年级的孩子往往通过这种认可来判断自己做事的正确性。同时，此时的孩子非常容易满足，一张星星贴纸或者一根棒棒糖就能让他们高兴不已。所以，为了让孩子养成主动问好的习惯，父母不妨和孩子约定一些奖励的规则，例如外出聚会前讨论一下，今天遇到叔叔阿姨或者小朋友的时候，如果孩子能够有礼貌地打招呼，回家之后可以获得什么

样的奖励。

2. 让我自己来

不知不觉间，跳跳进入小学将近一个学期。学校为一、二年级的学生准备了多种形式的期末乐考闯关活动。

这天，跳跳从学校带回来一封写给家长的信，告知家长孩子的期末乐考闯关内容、时间以及流程安排。闯关的内容十分丰富，有探索绘本馆、古诗三级跳、英语 ABC、趣味数字等等。其中有一个看起来很特别的关卡，叫作"自理挑战营"，听名字像是对生活技能的考查。仔细阅读闯关说明后，跳跳妈妈明白了，原来这是学校专门为一年级学生设立的个人能力考核项目。学校除了教授学生书本上的学科知识，也十分注重学生个人素质和能力的培养。设立这个项目的初衷是想告诉孩子，他们应该掌握哪些生活技能，如何学会自理。

对于小学低年级的孩子而言，一项非常重要的能力就是自理能力。可能有的父母会觉得孩子在小学低年级阶段还不需要事事自理，孩子的自理能力会随着孩子的成长而增强。殊不知自理能力培养的最佳时期不在青少年时期，而在个人能力还不完善的儿童时期。这项能力应该是父母在孩子小学低年级阶段培养的重点。那么，父母可以从哪些方面来培养孩子的自理能力呢？

策略一：调整心态，允许孩子犯错

培养孩子的自理能力，对于低年级孩子的父母而言，最难的不是开始，而是坚持。也许你也曾经遇到过这样的情况——午饭时间，为了让孩子做一些力所能及的事情，你把分发碗筷的任务交给他，结果一分钟后打碎饭碗的响声从厨房传来，你忙把孩子拉到一边说："好了好了，还是我来吧，躲远点，别扎着。"又或者在某个清晨，你等着孩子自己穿好衣服出来吃早饭，可眼看就要迟到了，他还没有系好上衣的扣子，你火急火燎地说："行了，我来吧，你先吃饭，我给你穿，来不及了！"往往出现几次这样的情况，很多父母就会觉得自己代劳比让孩子做要简单方便，能节省很多时间，也能减少很多不必要的麻烦，但教育和培养是在不断地出现麻烦、解决麻烦的过程中进行的。所以这里建议父母要调整心态，允许孩子犯错，坚持一段时间，就会收获一些惊喜。

策略二：正确评估孩子的能力，让孩子做力所能及的事

如何选择恰当的方式培养孩子的自理能力，也是一件十分讲究技巧的事。如果给孩子布置的任务太难，他在此年龄阶段根本无法做到，不仅不能起到很好的锻炼作用，反而会对他的自信心造成打击，让他在生活体验中充满挫败感。也许有的父母会认为，为了培养孩子的自信心，我们一直选择最简单的任务给孩子做就好了。这样也不可取，我们最终的目的是培养孩子的能力，是让孩子不断进步与成长，特别简单的任务不会使孩子的能力得到提高，有些孩子还会在不断的重复与毫无挑战的任务中失去兴趣，产生厌烦情绪。

那什么样的任务难度是适合孩子的呢？这里为大家介绍一个概念，叫作最近发展区，选择一些处在孩子最近发展区里的任务是最恰当的。简单而言，就是根据孩子的实际能力水平，为他布置一些当前做起来有一定困难但经过努力可以完成的事情。以女孩给自己梳头发为例，动手能力强的孩子利用几天时间就可以学会，那父母就要在此基础上增大难度，或者更换新的任务。但是也有一些孩子动手能力较弱，很难完成自己梳头发这件事，还会因为其间一直有散落下来的头发而烦躁、发脾气，那父母就要根据实际情况降低任务难度，如请孩子帮妈妈梳头发，这比给自己梳头发要容易一些，孩子练习一段时间之后，可以再次尝试给自己梳头发。

小学生不同阶段需要掌握的自理能力 ①

年级	需要掌握的自理能力
低年级	会洗手、洗脸、洗脚、刷牙、剪指甲；会穿脱衣服，系红领巾、鞋带；会洗红领巾、袜子；会撑伞，保管好钥匙；会削铅笔，擦橡皮，背书包，整理书包、文具和玩具
中年级	会洗头、洗澡、洗内衣裤；会铺床叠被，布置自己的房间；会修理自己的玩具，会为自己擦皮鞋
高年级	会为自己加热饭菜、烧开水；会整理自己的书柜、衣柜；会折叠自己的衣服

最近发展区 ②

苏联心理学家维果茨基认为，我们至少要确定两种发展的水平。第一种是现有发展水平（existed developmental level），这是指由于一定的已经完成的发展系统的结果而形成的心理机能的发展水平。第二种是在有指导的情况下靠别人的帮助所达到的解决问题的水平（level of problem-solving），也就是通过教学所获得的潜力。这样，在智力活动中，对所要解决的问题和原有独立活动之间可能有所差异，由于教学而在别人的帮助下消除这种差异，这就是最近发展区或可能发展区（zone of proximal development）。教学创造着最近发展区，第一种发展水平与第二种发展水平之间的动力状态是由教学决定的。

---

① 施燕红. 小学家政教育的探索 [J]. 中国教育学刊，2003（12）：30-34.

② 林崇德. 发展心理学 [M]. 第 2 版. 杭州：浙江教育出版社，2019.

策略三：关注隔代教育，和祖辈达成一致观念

在有隔代教育现象的家庭中，祖辈多关注孩子的饮食起居、身体成长等方面，父母一定要及时和祖辈沟通，在培养孩子自理能力的教育观念上达成共识。当两代人的教育观念产生冲突时，年轻父母首先要认可老人的付出，然后表明立场，平衡双方的教育理念和行为，达成共识。要明白所有人都是在用自己的方式表达对孩子的爱，目的都是希望孩子能变得越来越好。

3. 心中有个小闹钟

清晨的闹钟"丁零零"欢快地响了起来，正在厨房里准备早饭的妈妈利索地放下手中的锅铲，关上燃气，朝女儿的卧室走去，边走边喊："小畅，该起床了，你没有听到闹钟响吗？快点儿，不然一会儿上学要迟到了，咱们要早点儿出门……"闹钟的响声伴着妈妈的唠叨声，让躺在被窝里的小畅不自觉又往回钻了钻。

看着毫无起床动静的女儿，妈妈无奈地掀开被子，把小畅从床上拉起来，拿出昨天晚上准备好的校服一件件往她身上套。还没有完全睁开眼的小畅好像已经习惯了这样的起床模式，耷拉着脑袋磨蹭着。帮女儿穿好衣服后，妈妈催女儿去刷牙洗脸，女儿洗漱完毕后，妈妈催女儿赶快吃饭。最后，妈妈背上女儿的书包，一只手拎起自己的电脑包，一只手拉着女儿走出家门，新的一天就这样开始了……

培养孩子良好的作息习惯，不仅有利于孩子的身体健康及日常学习和生活，同时也有利于培养孩子的时间管理能力和自律能力。那么，面对例子中这种情况，父母应该如何引导孩子呢？

23

Part 1 · 成长中的孩子

第一，做好表率

父母是孩子的第一任老师。尤其对于小学低年级的孩子而言，父母对他们行为习惯的养成影响巨大，他们会经常模仿父母的行为，主观上认定父母做的事是对的。因此，父母在教育孩子早睡早起的时候，首先要保证自己的日常作息是有规律的，为孩子起到表率作用。父母与其每天催促孩子按时睡觉、起床，不如自己每天早睡早起。父母也可以比赛的形式，激发孩子的斗志，让他发自内心地愿意管理自己的作息。刺激孩子产生内驱力，往往比外在的管教产生的效果要好得多。

第二，制订计划，避免拖拉

很多孩子不能做到早睡早起，一个重要的原因就是晚上的任务不能按时完成，拖得太晚导致睡眠不足，第二天早上起床就变得十分困难。想要改变这种恶性循环就要从源头解决问题，那就是帮助孩子制订计划，避免拖拉。造成孩子做事拖拉的原因有很多，父母首先要了解具体是哪些原因导致孩子拖拉的，然后针对具体情况和孩子共同商定解决办法。

第三，合理安排睡前行为

良好的睡眠环境能够帮助孩子快速入睡，同时也能够提高孩子的睡眠质量。在孩子睡觉前的一个小时内，安排一些常规行为，如洗脸、刷牙、整理书包等，慢慢地，这些行为就会成为睡觉的信号。另外，睡觉前不要让孩子进行刺激大脑兴奋的活动，如剧烈运动、玩手机或平板电脑等；如果条件允许，可以和孩子约定电子产品不带进卧室。

第四，合理安排孩子的学业内容

有些时候是父母给孩子安排了太多的学习内容，导致他们不得不晚睡。其实对于低年级的学生而言，有很多内容值得他们学习、了解，比如习惯的养成、交友能力的培养、对世界的基本认知等等。而想要在这些方面有所进步，保证良好的精神状态是前提条件。因此父母没有必要在孩子刚入学就过度关心孩子学习了多少知识，为了让他们能够更多地掌握某一个学科的内容而占用孩子的休息时间和成长空间。

拓 展 阅 读

睡眠不足的代价①

没有养成良好的作息习惯，很容易导致孩子睡眠不足，或者睡眠质量较差，这对孩子的影响并不单纯是第二天起床困难，白天精神状态较差这么简单。长期睡眠不足还有可能导致更加严重的后果。

1. 降低孩子的认知能力

在美国，科学家曾经做过一项实验，他们招募一部分志愿者，要求志愿者在两周的时间里，每晚睡眠时间都要少于 6 小时，实验员会每天监测志愿者的身体状态。两周后对志愿者进行采访时，他们表示身体并没有太大的变化。而分析监测结果却可以看到，他们的认知能力和反应能力都在逐渐下降，健康受损程度甚至和 48 小时不睡觉的实验对象几乎等同。

2. 诱发肥胖

睡眠不足不仅仅会影响认知能力和情绪状态，还会给人带来一些生理上的变化和不适。睡眠过少会引发激素分泌的变化，从而刺激食欲，增加身体对糖分的摄入量，造成肥胖。

3. 影响注意力水平

睡眠不足会导致孩子在白天学习时注意力难以集中，非常容易被外界的刺激吸引，甚至出现多动症的症状表现。

① 李观政. 伴随成长：家庭教育手册（6—9 岁版）[M]. 北京：北京师范大学出版社，2017.

第3章
孩子的情绪和人际交往

1. 用哭泣表达消极情绪

　　周末，亮亮爸爸为了锻炼儿子的身体素质，培养他吃苦耐劳的品质，和几个同事一起为孩子们组织了一场徒步挑战赛。一大早，亮亮被爸爸从温暖的被窝里拉起来，匆匆忙忙吃完早餐，父子二人简单收拾好物资装备，一起走出了家门。大家在集合地点简单热身后就正式开启徒步模式。路程过半，时不时有小朋友叫苦喊累，但因为孩子们之间相互比拼，大家都在咬牙坚持。突然亮亮脚下一滑跌了一跤，爸爸见他摔得不重并没有上前扶他，而是站在一旁鼓励儿子："没事儿，自己爬起来吧，你已经是小男子汉了。"可能是因为太累了情绪不好，又看到爸爸并没有第一时间过来关心自己，亮亮内心的委屈抑制不住，眼泪吧嗒吧嗒地掉了下来。一旁的一位叔叔见状赶紧安慰他，可亮亮越被安慰眼泪流得越多，干脆哇哇大哭起来，说什么都不肯再往前走了。亮亮爸爸很无奈，只好让其他人继续前进，自己陪着儿子在原地休息。两人坐在一旁的石头上，亮亮爸爸的情绪也变得有些烦躁，不停地数落孩子："你是男孩子，怎么可以这么娇气呢？你看人家两个姐姐都还在坚持，摔了一跤有什么关系，真的有那么疼吗？都多大的人了，还动不动就哭鼻子，不觉得丢人吗？"

也许，很多父母有和亮亮爸爸相同的观念，认为随着孩子的年龄越来越大，他们遇事不应该哭泣，因为哭泣代表着"懦弱""娇气"……可事实上，哭泣只是孩子表达情绪的一种方式，对孩子而言，他们从一出生最先学会的和外界沟通的方式就是哭泣。当孩子还没有学会说话的时候，他们的需求是通过哭泣的方式表达出来的。通过哭泣来表达自己的情绪是每个孩子与生俱来的本能，当你遇到孩子因为各种各样的情况而哭泣的时候，也许你可以按以下方法去做。

第一，不要粗暴地制止孩子哭泣

当孩子哭泣的时候，父母千万不要直接粗暴地制止孩子。上文中亮亮的爸爸不仅不让孩子通过哭泣发泄情绪，还使用了一些带有嘲讽性的语言批评孩子，这是不可取的。当孩子因为心里不舒服而哭泣时，父母可让孩子适当哭泣一会儿，给他一个情绪发泄的出口、一段平复情绪的时间，这时父母要做的就是默默地陪在孩子身边，给他一个安全的依靠。

第二，引导孩子沟通交流

孩子的情绪有所平复之后，父母可以尝试和孩子沟通交流，比如可以轻声问一问："哭过之后好点了吗？刚刚妈妈（爸爸）看到你很生气，可以跟我讲一讲到底发生了什么吗？"当孩子愿意开口跟父母表达的时候，他更容易接受父母的建议。这时候父母可以帮孩子分析整个事件，寻找以后遇到类似情况时更好的处理方法。

第三，正确判断孩子哭泣背后的需求

很多父母会有类似的感受：孩子刚开始哭泣的时候声音较小，当父母安慰时，他却哭得更凶。这是一种很常见的现象，同时也反映出孩子哭泣背后

的一种需求——寻求父母的关注。还有一种现象：孩子想要让爸爸妈妈满足自己的某个愿望，比如想多吃一个冰激凌、想买一个特别喜欢的玩具等，一旦他们的愿望没有得到满足，便会大哭大闹。最常见的结果就是父母因孩子的哭闹而无计可施，只能满足他们的愿望。正确判断孩子哭泣背后的需求，父母就可以找到恰当的应对方式。如果孩子在利用哭泣寻求关注，那么父母就需要反省一下是不是对孩子有所忽略，并及时进行调整；如果孩子哭泣是为了让父母满足自己的要求，这时父母就要认真权衡，是否可以满足孩子的愿望。需要注意的是，不要让孩子认为哭泣可以成为让父母满足他们各种要求的方法。

"男儿有泪不轻弹"的误区

我国有句俗语叫"男儿有泪不轻弹"，相信大家对这句话并不陌生。这里不去探讨这句话本身是对是错，有一点不可否认，无论是成年人还是小朋友，合理的情绪宣泄都是必要的。适当哭泣对所有人都很重要，它不仅能宣泄负面情绪，还是人体自我保护的一种方式。

1. 眼泪有助于眼部清洁

《微生物学杂志》刊登的一项研究表明，眼泪中含有的溶菌酶，能在 5—10 分钟内杀灭 90%—95% 的细菌。哭泣还能改善视力。泪水能清洗眼球的表面，保持它的湿润，并洗去灰尘和碎片，通过润滑眼球和眼睑提高视觉功能。

2. 哭泣是一种宣泄情绪的方式，能够缓解痛苦，促进心理健康

生活中每个人都会遇到一些糟糕的状况，内心再强大的人也会有心情郁闷的时候，此时流眼泪就是一种很好的情绪宣泄方式，可以帮助人们把痛苦、忧伤、焦虑等负面情绪释放出来，使人身心舒畅。

3. 哭泣有助于睡眠

哭泣能使人体释放去甲肾上腺素，这种激素是一种神经递质，能帮助人们发泄痛苦，获得平静。在生活中，无论小孩还是大人，一般在大哭之后都能很快入睡。

4. 哭泣有助于心肺健康

人在哭泣的时候会不断地吸气，这有助于呼吸系统和血液循环系统的工作。目前，这种"带哭的呼吸"已经被运用到一些治疗气喘和支气管炎的呼吸运动当中。

虽然以上列举了哭泣对身心健康的诸多益处，但我们也必须注意掌握一定的度，凡事过犹不及，无论是时间控制还是空间选择，都要有所考量。以下几点温馨提示可以供大家参考。

（1）哭要趁早：当有负面情绪时，应尽早进行宣泄，不要憋在心里。

（2）找对地方：在有安全感的地方哭泣，尽情释放情绪。

（3）哭泣不宜超过15分钟，否则会对肺部造成损伤，并容易引发胃病。

（4）哭完要放松：可以睡一觉或散散步，不要急于做事情。

2. 年龄增长，脾气也在长

"这是个什么破玩具啊！"7岁的晓晴大声喊着，还把手里拼不到一起的玩具摔到地上。原来，晓晴正在拼插一只玩具小猫，但是当她尝试把玩具小猫的眼睛拼到头上时却怎么也插不进去。尝试了几次也没成功的晓晴又气又恼，跟玩具发起了脾气。

很多父母会发现这种现象：孩子虽然已经成为一名小学生，但却比小时候更喜欢发脾气。其实这是一种正常现象。孩子进入小学后，在集体中生活，有了初步的自我意识、道德观念，对自己要求更高了，对自己做的事情追求完美。当达不到心中的目标时，有些孩子可能会失去耐心。同时，自我意识的不断增强，也让他们更加急于表达和维护自己的想法，一旦事与愿违，他们就会用发脾气的方式表达自己的不满。这时，父母不要着急，也不要急于批评孩子或给孩子讲道理，可以尝试以下策略。

策略一：充分理解孩子的困难

当看到孩子因遇到困难而发脾气的时候，父母要冷静，有意识地提醒自己，他只是一个六七岁的孩子，发脾气是很正常的。这种暗示能够帮助父母平复焦虑情绪，站在孩子的角度思考问题，也就更能理解孩子内心的想法。父母可以先用猜测的话语询问孩子遇到的困难，得到孩子的回应后，父母要表示自己充分理解孩子。

比如，父母可以这样告诉孩子："难怪你会着急，这个麻烦妈妈（爸爸）小时候也遇到过。"安抚孩子的情绪后，父母要选择更贴近孩子内心的语言，给予孩子积极的建议和指导。比如，对因为拼不好玩具而发脾气的孩子可以这样说："你已经拼好了这么多，太棒啦！这一小部分确实不好拼，需要我的帮助吗？"

策略二：转移孩子的注意力

低年级孩子的负面情绪一般来得快去得也快，因为在这个年龄阶段，他们的注意力容易转移。所以当孩子发脾气的时候，父母可以利用孩子的这个特点，用其他事情吸引其注意力，帮助其平复情绪。

策略三：持续关注，及时给予反馈

在父母的引导和帮助下，孩子的情绪得以平复，所遇到的问题得到解决。但这并不是终点，父母应持续关注孩子之后的行为，给予孩子及时的反馈，以收到更好的教育效果。比如，上文中孩子因为拼玩具遇到困难而发脾气的情况，在孩子接受帮助、完成玩具拼插之后，父母要关注孩子后续的行动和努力，并及时地给予肯定和鼓励。这时应把肯定和鼓励方向逐步过渡到孩子解决问题的能力和勇敢面对困难的品质上，让孩子明白日后遇到类似问题应如何处理。

3. 渴望融入集体

周六一大早，小飞妈妈认真地在衣柜前挑选了一条精致的裙子，出门前还特意化了淡妆，因为今天她要参加儿子进入小学后的第一次家长会。班主任老师精心准备了发言，对每一个学生在学校两个月的表现进行了细致的点评。家长会结束后，小飞妈妈被班主任留下来单独沟通，这也正合她的心意。可没想到听完老师的描述，小飞妈妈内心泛起了阵阵波澜。原来儿子这两个月在学校的人际关系方面的表现是"不合群""喜欢单独活动""没有朋友"，这些让她感到十分忧心，也为自己没有及时关注孩子在学校的人际交往情况，只是一味叮嘱孩子要认真学习而感到后悔。

孩子升入小学后开始有了学习方面的压力，父母也会把更多的注意力放在孩子的学习上。很多父母会在每天放学后跟孩子沟通一天在校的情况，但有时只是单纯地询问孩子的学习情况。当孩子能够很顺利地回答出关于学习方面的问题时，父母就会认为孩子这一天的校园生活过得很美好、很充实。然而，学习只是孩子校园生活的一个方面，尤其对于小学低年级学生而言，他们除了学习课本上的知识，还在学校和班级的大环境中学习如何与他人相处，如何融入集体。因此，对于刚刚进入小学的孩子，父母更需要关注他们在学校的人际关系。如果孩子能够在学校交到好朋友，能够和老师关系融洽，他们往往会乐于在这个环境中学习和生活。

每个孩子的性格各不相同，融入陌生环境的能力和主动交友的能力也有很大的差异。有些父母可能会发现自己的孩子在入学的第一天就交到很多新朋友，也能很快获得老师的关注。这样的孩子往往有比较好的人际交往能力。当然，也有一些孩子在这方面能力相对较弱，他们往往在集体中默默无闻，很难引起老师和同学的注意，也不愿意主动尝试和他人交流。其实这些孩子并非不想交朋友，他们也十分渴望能够融入一个新的集体，渴望获得更多的关注，只是没有找到合适的方法。

那么，面对这样性格比较内向、不擅长和他人交往的孩子，父母可以做些什么，以帮助孩子更快融入新环境呢？

第一，带孩子接触陌生的环境，引导他和陌生人说话

有些孩子不习惯主动和同学、老师交流，是因为他们在成长过程中很少有类似的体验。邻里之间日常交流较少，尤其是居住在城市里的孩子，他们很少有机会接触外人，孩子对于和外人交往会有本能的抵触情绪，他们更习惯于默默等待别人先来找自己交流。在家里，孩子不需要开口就会有亲人围在身边关心照顾，可学校毕竟不同于家里。所以，为了帮助孩子更好地融入集体，父母应有意识地带孩子参加一些活动，比如参加多个家庭组织的周末亲子游，或者参加一些户外运动项目，引导孩子主动和他人交流。孩子尝试的次数多了，就会觉得这并不是什么难事，也就不会有畏难情绪和"鸵鸟心态"了。

第二，在入学后的一段时间内有意识地帮助孩子结交朋友

比起用语言告诉孩子"到了学校要和同学好好相处，课间的时候要主动找同学一起玩儿……"，更好的方式是用行动引导孩子掌握结交朋友的方法。比如，父母可以为孩子准备一个好朋友签名本，让他用来记录结交的新朋友，再向父母介绍他的新朋友。在孩子成功交到第一个好朋友的时候，父母要及时称赞孩子，肯定他善于交往的能力。同时，孩子向父母讲述交友的过程也

能帮助孩子培养良好的语言表达能力。当然，父母还可以充分挖掘签名本的作用，比如，让孩子在好朋友的名字后面简单记录他们的交往方式（如玩游戏、互相帮助、送礼物、聊天等），利用这样的方式使孩子明白与人交往的方式有很多，鼓励孩子交到更多的朋友。

第三，通过关注孩子掌握的游戏来了解孩子的交友情况

父母可以跟孩子分享自己小时候玩的游戏，然后请孩子把他在学校跟同学做的游戏教给父母。一般来说，通过做游戏，孩子可以交到更多朋友。

第四，让孩子感受到父母对他的好朋友的好奇和关注

父母要表现出对孩子的好朋友十分感兴趣，尤其是孩子愿意主动向父母介绍他的好朋友，讲述他们之间发生的故事的时候，父母一定要给予关注，这样才能让孩子感受到交朋友这件事情是受到肯定和鼓励的，是值得坚持去做的。一方面，孩子结交的朋友得到父母的关注，可以增强孩子与他人交往的自信心和成就感；另一方面，父母的鼓励会给孩子正向引导，并强化孩子与人交往的意识。

有些时候，孩子选择和父母分享交友故事的时机也许并不十分合适，如果你当时无法腾出时间和精力来倾听，那么请直接和孩子讲清楚并表达歉意，比如："宝贝，妈妈很开心你愿意跟我分享你和好朋友的故事，可是现在妈妈还有很重要的工作没有完成，你愿意等我一会儿吗？晚饭过后我可以专心地听你向我介绍你的新朋友。"千万不要一边忙着做事情，一边为了不让孩子失望而敷衍地听孩子说话，这样很容易让孩子误会父母对他的故事并不感兴趣，甚至会觉得被冷落而产生失望、伤心等情绪。

第 4 章
孩子的道德认知和价值观发展

1. 喜欢恰当的表扬

　　低年级孩子的价值观尚未形成，他们对问题的是非判断还未形成属于自己的标准，那么此时，他们用来判定一件事情是对是错最常用的办法是什么呢？根据皮亚杰的儿童道德认知发展规律理论，这个阶段的孩子大多依靠成人的标准来完成自己的判断。在低年级孩子的认知里，能够获得表扬的事情就是正确的事情，是应该做的事。比如当你问一个一年级的孩子为什么我们要在绿灯亮的时候过马路、红灯亮的时候停下来时，他也许并不清楚这是一种交通规则，不知道每个人都要遵守一定的规则才能保证道路的畅通和人员的安全，但是在他的认知里却能够认同这种行为，这是因为老师和家长会在孩子遵守交通规则的时候给予表扬。再如家里来了一位小客人，你为孩子准备了两块巧克力，并问他巧克力要怎么分，孩子会主动拿出一块递给小客人，但孩子能够因为分享而感到快乐吗？恐怕不尽然，但他知道分享巧克力可以得到父母的表扬和肯定——"宝贝你真棒，懂得和朋友分享自己的美食"，这句话带给孩子的愉悦感才是他愿意分享的动力。

父母为什么要了解这些呢？因为低年级的孩子在很多问题上无法形成自己的判断，他们容易受一些不良因素的影响，父母需在孩子的价值观萌芽时期，对他们的思想观念进行积极正向的引导，为孩子将来形成正确的道德观和价值观打下坚实的基础。大多低年级孩子不喜欢听父母讲道理，父母要想让孩子认同某种价值取向，与其苦口婆心反复说教，不如借助孩子此时的认知特点，通过及时表扬和鼓励的方式来向他们强化正确的观念。

如何表扬孩子？

你看到这个问题的时候，会不会觉得有些疑惑？表扬还需要讲究方式方法吗？不就是对孩子说"你真棒！""你做得对！"，或者给孩子买他一直想要的玩具吗？实际上，有些表扬只让孩子感受到一时的愉悦，而有的表扬却能够影响孩子很长时间，甚至使孩子终身受益。

很多父母知道教育孩子的好方式是鼓励式教育，所以在生活中经常给予孩子言语上的肯定和表扬，但是父母的肯定和表扬是不是发自内心，孩子往往是可以非常敏锐地感知到的。

例如，放学后，牛牛拿回家一张老师发给他的奖状，因为他这周在数学课上非常积极地举手回答问题，被评选为本周"数学之星"。当他兴致勃勃地向妈妈展示奖状的时候，正在厨房里忙着炒菜的妈妈扭头看了一眼儿子手中的奖状，一边继续翻炒锅里的菜，一边说："儿子你真棒！"这句表扬的话在孩子的心里会有多重的分量呢？一句不用心的表扬，反而会让孩子产生心理落差，孩子有可能在下一周的数学课上变得不那么积极，因为他会认为妈妈并不在意自己的课堂表现。这个年龄阶段的孩子还不能把学习当作自己的事情，他们努力学习更多是为了让父母开心，为了获得表扬。

如果牛牛的妈妈事后意识到牛牛的失落情绪，是因为她刚才不恰当的反应引起的，那么她应该如何补救呢？她可以尝试这样和儿子沟通："儿子，刚刚妈妈忙着做饭，没顾得上跟你多说话，你的奖状能再给妈妈看一看吗？这可是我儿子上小学后获得的第一个奖状，妈妈要仔细地看一看。"这样的解释在一定程度上可以缓解牛牛的失落情绪，让他感受到妈妈是关心他的。妈妈还可以引导他表达是如何通过努力获得这张奖状的，同时对孩子在课堂上的正确行为给予肯定和鼓励。

2. 我其实不想说谎

暑假里的一天，即将上二年级的小芳用蝴蝶结、塑料棒等工具做了一个魔法棒，可是，她觉得这样还不够漂亮，于是把妈妈帽子上的粉红色丝绸剪了下来，用胶固定在了魔法棒的顶部，这样一装扮，魔法棒美极了！

小芳拿着自己做的魔法棒，自豪地给妈妈看，妈妈高兴地说："真漂亮啊，你真能干！"突然，妈妈的笑容僵住了，疑惑地问："这魔法棒上的丝绸我怎么看着这么眼熟？你在哪弄的？""不好，妈妈要是知道我把她的帽子剪坏了，一定要批评我了！"小芳心里想。于是她赶紧编了个理由："同学给的！"妈妈皱着眉头继续追问："什么时候给的？"小芳支支吾吾答不上来，吓得赶紧溜进了房间。妈妈紧跟着进了房间，找出了被小芳藏起来的帽子，气得满脸通红。

对于孩子说谎的行为，父母需要高度重视、及时干预，但不能训斥、打孩子。诚实是一种非常重要的品德，但对于低年级的孩子而言，他们说谎并不一定是品德出现问题，很多时候，说谎只是为了达到某种目的。

一般来讲，孩子如果说大话，言过其实地夸奖自己，他的目的大多是想引起父母的关注，获得赞赏；如果是否认或掩盖某些事实，他可能是想逃避惩罚。这时，父母要思考，是不是自己的因素造成孩子说谎。比如，自己对孩子的期望值过高，或者对孩子要求过于严厉。

我们找到孩子说谎背后的原因后，就可以针对具体情况采用不同的做法。

道歉

如果父母曾对孩子许诺却没有信守承诺，一定要真诚地向孩子道歉，让孩子明白父母偶尔也会犯错误，然后请孩子监督自己改正错误。这样，父母为孩子树立了榜样，给予了孩子积极的引导。

调整

很多父母对孩子的期望值过高，总是将自己的孩子与其他孩子进行横向比较，总觉得自己的孩子不如其他孩子。对此，父母应正确看待孩子的优势和劣势，要纵向看待孩子的成长，并肯定孩子的每一次进步，这样才能促使孩子变得更优秀。

提升

对于孩子的弱项，父母要帮助孩子补足。提高学习能力需要付出行动，并不是简单批评和说教就能达到的。在与孩子共同努力的过程中，父母也会体会到孩子的成长，孩子也能增强自信心。

接纳

父母要尽量接纳孩子的现状，如接纳孩子有缺点、会犯错。父母心态平和，更利于建立和谐的亲子关系。父母接纳孩子的状态，更利于孩子对父母说实话。因此，父母可以通过沟通让孩子知道，无论他遇到什么问题，父母都会接纳他、鼓励他，并帮助他改正缺点。

关注

父母在平时要关注孩子，如果发现孩子说谎，要从正面引导，专注于解决问题，而不是责备，让孩子知道犯错误也是一次学习改正的机会，诚实是一种美德，不必为避免责备或惩罚而掩盖错误。

3. 反话的秘密

以下是三组对话：

A. "宝贝，你看这幅画多漂亮！""什么呀，一点都不好看！"

B. "今天你穿这件衣服怎么样？很好看吧！""不怎么样。"

C. "爸爸多好呀！老带你出去玩，给你买好吃的。""一点都不好！"

爱说反话的现象常见于 3 岁左右和 7 岁左右的孩子，主要表现为"你说东，他说西""爱顶嘴"。有时候这样的反话让父母颇为气恼，认为孩子在跟自己对着干，成心捣乱。

面对这种情况，父母要冷静应对。

首先，理解孩子说反话的行为

孩子之所以说反话，可能是因为孩子本身的想法确实与父母相反。如果是这种情况，父母若武断地否定孩子的观点，对于孩子判断能力的培养会有不利影响。长此以往，孩子可能会逐步形成迎合别人观点的心理习惯。另一种情况是因为孩子不想受到限制，在父母提出建议时产生逆反心理，直接拒绝建议。这种不受限制和制约、渴望自己做主的想法如果每次都被压制，也会影响孩子自我意识的发展，削弱孩子的自主性。

因此，当孩子说反话时，父母要理解这是孩子成长和自我认知的一个重要过程，应该欣喜于孩子勇于说"不"。从这个角度考虑问题，可以有效避免孩子与父母之间因说反话产生的冲突。

其次，积极引导

理解了孩子说反话是强烈的自我意识表现后，父母在遇到孩子跟自己"对着干"时就要心平气和，积极引导。有的父母可能会问：难道什么都依着孩子，让孩子想怎么做就怎么做，想怎么说就怎么说吗？这里所说的不跟孩子"较量"并不是指凡事都依从孩子，而是顺应孩子的思考和意愿，从孩子的角度出发进行沟通或引导。

再次，正面施教

孩子因与父母的想法不一样而说反话时，有的父母第一反应是在语言上跟孩子较量，并很容易赢得"胜利"。但是，时间久了，孩子潜意识里会认为"我不用把自己的想法说出来，说出来也是没用的，还是要听爸爸妈妈的话"。这样一来就消磨了孩子的积极性和自主性。那些极力想自己做主的孩子与父母对抗的意识强烈，父母的"胜利"更加强化了孩子的这种对抗意识。

所以，对于孩子的说反话行为，父母要从正面施教。当父母把想法告诉孩子后，也要让孩子自己来选择。如果孩子仍然坚持自己的想法，父母要在不违背原则的基础上予以理解和支持。

4. 正确引导下，有些错我慢慢不会犯

　　妈妈："月月，这是你洒的水吗？"

　　月月："不是我！"（实际上是月月洒的水）

　　同学告状："老师，月月在我的本上乱写乱画！"

　　月月："我只是想试试这根新笔的颜色！"

孩子犯错大致分为无心之失和明知故犯两种情况。当孩子因无心之失犯错时，他可能已经产生恐慌或内疚心理。如果是明知故犯，那么孩子在心中也许并不觉得自己的行为不当，可能认为自己的行为并不会带来什么严重的后果。上文中月月洒水的事情当属第一种情况，在别人本子上乱写乱画属于

第二种情况。

孩子在说"不是我"时通常是义正词严的，父母如果不知道事情真相，很难分辨孩子是在辩解还是在说谎。如果孩子犯了错，身边的长辈又比较严厉，那么孩子就有可能采取不承认错误的方式来保护自己。当孩子用一句"不是我"顺利地"蒙混过关"时，这就会成为孩子应对犯错的惯用的方法。

低年级的孩子对自己的要求越来越高，自尊心也越来越强，犯了错误后有些孩子不愿意面对和承认自己的错误。即便知道自己做的事情是不被允许的，犯错的孩子仍然会为自己的行为找到理由，这种理由在他们看来能够解释他们的行为。那么当孩子犯错时，父母要怎么做呢？

首先，引导孩子坦然面对错误

当孩子不承认错误时，很多父母常常对孩子的态度很恼火，认为孩子不承认就是在说谎，辩解就是在顶嘴，是"错上加错"。这样的想法可能会使父母加重对孩子的责罚，过重的责罚可能会强化孩子"绝不承认错误"的想法。因此，引导孩子坦然承认自己的错误，强化"每个人都会犯错"的意识，勇于面对和改正错误才是当务之急。

当孩子做错事后，父母可以把询问是不是他造成的，替换成有没有需要帮助的地方或直接让孩子处理问题。比如，"这里水洒了，来帮妈妈擦一下"，一般来讲孩子很乐意帮忙。之后，父母可以这样说："你真能干，有你的帮助这里很快变干净了。以后看到地上洒水了，你能自己清理干净吗？"孩子在能力得到肯定后很容易做出承诺。这样，父母在没有指责和怀疑的情况下，让孩子感受到不用害怕和逃避无心之失，只要想办法解决问题就好。看到父母轻松解决问题的态度，孩子会减轻心理负担。这时父母再跟孩子讲："不小心做错事不可怕，大方承认，想办法解决就是好样的。"这时因为前面的正面引导已经消除了孩子的疑虑和担忧，父母再进行适当的教育会一举两得：一方面可以让孩子看到，如果他说谎，父母是很容易发现的；另一方面让他明白，做错事不一定会受到惩罚，只要勇于改正。下次再有类似事情发生时，孩子可能会主动处理问题或向父母说明情况。

其次，身教示范影响孩子

有些父母在孩子指出他们的问题时，总是巧妙地为自己进行辩解。殊不知，孩子是非常敏感和聪慧的，他知道父母犯了错，也知道他们没有承认，只是碍于家长的威严，没有去深究。但是，这种对待错误的态度和处理问题的方式会给孩子带来不良影响，孩子可能会模仿。因此，父母应该在孩子面前注意自己的一言一行，尤其是当孩子指出自己的问题时，要勇于承认。这样做不仅不会在孩子面前失去威信，反而会增加孩子与父母之间的情感联系，增加孩子对父母的信任感。同时，会让孩子明白大人也会犯错，承认自己的错误并不丢人，从而勇于面对和改正错误。

父母随笔

PART2

智慧的父母

第1章
孩子是小学生了，你准备好了吗

　　小学，对孩子来说是一段全新的旅程。在进入小学前，多数孩子已经在幼儿园大班的教育中明确地知道自己要上小学了。在幼儿园里，老师会给孩子们安排提前认识小学生活的相关活动，帮助孩子建立上学的概念。还有些幼儿园老师会带领孩子们走进小学课堂，让孩子们亲身体验小学课堂学习。因此，对于大多数孩子来说，他们对上学已经有了一些心理准备。作为父母，也需要做好准备，因为孩子入学不仅是其自身的一件大事，也是家庭的一件大事。

1. 抓住第一次，全家齐重视

　　孩子进入小学，将会面临人生中的很多第一次。父母应当意识到，这些人生第一次是非常重要的教育时机。

　　一位心理学家曾做过这样一个实验：他让两个学生都做对30道题中的一半，但是让学生A做对的题目尽量出现在前15道题，而让学生B做对的题目尽量出现在后15道题，然后让一些被试者对两个学生进行评价，比较两个学生谁更聪明一些。结果发现，多数被试者认为学生A更聪明。

这是典型的首因效应。首因效应，是由美国心理学家洛钦斯首先提出的。它是指最初接触到的信息所形成的印象对我们以后的行为活动和评价的影响，实际上指的就是"第一印象"的影响。

"第一印象"会给孩子留下极为深刻的记忆，如果全家人都重视并处理好孩子进入小学的诸多第一次，会让孩子在学习、生活、交往等多方面的习惯养成上达到事半功倍的效果。

那父母应该关注哪些第一次，怎样去关注呢？下面举几个例子说一说。

学习用具方面的第一次

孩子进入小学前，父母要为孩子购买学习用具，如书包、文具盒、卷笔刀、铅笔、橡皮擦、直尺等。市场上的学习用具丰富多样，许多文具除具备学习功能外，还带有很强的玩具色彩。如果父母为孩子准备的学习用具新颖、有趣，还可以当玩具，那么它们将成为课堂上分散孩子注意力的一大诱因。所以，建议父母为孩子准备简单、实用的学习用具。

与第一次购买对应的，就是第一次丢失。"丢东西现象"在低年级学生中很常见，因为很多孩子不认识自己的东西，或他们认为东西丢了家里还有。父母怕东西丢了影响孩子的学习，总是为孩子准备大量的备用文具，所以一些孩子不担心丢东西，甚至有些孩子故意弄丢文具，想"名正言顺"地使用新的，这也导致孩子没有养成珍惜物品、管理物品的习惯。所以，当父母发现孩子第一次丢东西的时候，首先要引导孩子回忆丢的是什么东西，有可能在哪里丢的，在什么情况下丢的；再教会孩子，先去丢失地寻找，找不到再找老师帮忙。这看似麻烦的过程，其实是在培养孩子解决问题的能力，也是在帮助孩子形成认识和管理物品的意识。

接下来，父母可以和孩子一起探讨一个关键性的问题，那就是：文具为什么会丢？让孩子回忆文具丢失的场景片段，他往往会想起自己不恰当的行为，比如：把用完的橡皮扔在桌子上就跑出去玩了；没有把铅笔放进文具盒里，而是直接扔进书包里；拿尺子当玩具枪玩，然后就扔丢了……在回忆的过程中，他们会意识到，是自己没有把文具收好，没有学会正确地保管文具，从而造成文具丢失。这样，父母可以引导孩子在反思自己行为的同时学会保管文具，从而更好地防止文具丢失。

最后，父母可以和孩子一起讨论该如何保管好自己的物品。

在交流的过程中，父母不妨先问问孩子有什么办法保管好自己的物品，随后再细致入微地指导，利用模拟课堂的方式教给孩子一些方法。比如，上课时用完铅笔、橡皮、尺子等，应该马上将它们放进文具盒；将用完的书本放进桌斗……还有一些关于文具使用的小规矩也要告诉孩子，比如不能把文具当作玩具，不能拿着铅笔尺子玩"打仗"游戏，不能把橡皮当作弹珠打来打去……还要引导孩子每天晚上将所有的文具收拾整齐，让孩子在整理的过程中认识并记住自己的文具。

另外，校园生活中还涉及第一次借文具，包括孩子向同学借和将文具借给同学两种情况。如果是孩子向同学借文具，父母首先要表扬孩子能够想办法解决问题；其次要跟孩子一起分析，为什么需要借文具。如果是将文具借给同学，父母要表扬孩子团结友爱、乐于助人的精神，但是也要嘱咐孩子记得收回自己的文具，不能养成大手大脚的习惯。

校园生活中的第一次

第一次上课

第一次上课，孩子往往很兴奋，对班级、同学、老师有了初步的认识。父母可以跟他聊聊这个话题，如：你喜欢哪位任课老师，为什么？课堂上谁的表现最棒？他哪点最让你欣赏？你觉得你最棒的课堂表现是什么？……在这样的聊天中，父母已经无形地把一些价值观传递给孩子，也对孩子的课堂行为进行了积极正向的引导。

第一次被表扬

父母可以适当夸大自己的喜悦，用夸张的语言、动作与表情祝贺孩子，称赞他的优秀表现。比如说："张老师这么夸你，看来你发言的声音一定很洪亮，说话很清楚，你真是一个勇敢的宝贝！""你被评选为坐姿标兵，太厉害了，妈妈就喜欢看你像小松树一样的坐姿，帅呆了！"……表扬的语言指向性一定要强，明确地告诉孩子最欣赏他哪里做得棒。可以配合肢体语言表达自己的喜悦，比如摸摸他的头发、抱抱他等，让孩子充分感受到父母的喜悦。孩子内心深处的自信，就是这样一点一点地被父母激发出来的。

第一次被批评

大多数孩子在学校第一次受到批评的时候，他们会感到非常难过。因此，父母不管了解到的事情是怎样的，别急着批评孩子，要先给孩子说明情况的机会。一方面，父母可以从中知道在孩子眼中事情是什么样的，他为什么觉得难过；另一方面，也给了孩子发泄情绪的机会。父母要耐心、认真地听，不管孩子是在倾诉委屈，还是在发泄情绪。父母稳定的情绪是对孩子有效的安慰，对于孩子来讲，心理上的接纳会给他足够的安全感，他也愿意把自己的情绪充分表达出来。这时，父母再进行引导教育。

首先，引导孩子从同学、老师的角度，看看事情是什么样子的，换位思考。在多种角度变换中，启发他体谅别人，以更加理性的态度去做事、待人，站在集体的角度思考自己言行举止的合理性。

其次，引导孩子找到自己错误的真正原因。

在引导孩子时，应讲故事明道理。对低年级的孩子只说大道理，孩子听不懂，也不爱听。父母不妨深入浅出地编个故事讲明道理，甚至可以把孩子遇到的场景放在动物世界中，让他作为旁观者评说对错，述说原因。之后，再适当地给孩子讲一讲他能理解的做人做事的道理。总之，父母要起到的作用是画龙点睛，而不是用父母身份和权威压制孩子的表达，或强迫孩子承认错误。

第一次参与学校活动

在小学阶段，学校常常组织各种活动。每一项活动都有"第一次"，比如第一次运动会、第一次合唱节、第一次入队仪式……这些重大的活动，每一个孩子都希望得到父母的支持，他们渴求父母关爱的目光。因此，父母要支持孩子积极参与，并帮助孩子做好充分准备。

拓展阅读

学校活动准备

学校活动准备涉及方方面面，比如着装、仪容仪表、用具准备……这些准备的背后，传递出的是父母遵守集体活动规定的习惯和意识，会潜移默化地影响孩子。同时，孩子也会从学校活动准备的细节中，感受到父母对自己无微不至的爱。

低年级是孩子学业的启航期，也是一个重要的节点，我们不可能把所有的第一次都列出来讲明。作为父母，我们一定要用教育的智慧抓住每一次的教育契机，为孩子的成长搭桥铺路。

2. 孩子的教育，父亲不能缺席

在有父爱的家庭中长大的孩子往往有很强的安全感，自信阳光，敢于尝试，敢于突破。父亲在家庭教育中起着不可或缺的重要作用。

父亲可以做男孩的榜样，可以给女孩安全感

研究发现，父亲有着和母亲不同的性别角色和性别行为，这些特征会在日常生活与孩子的接触中表现出来。父亲和母亲在孩子性别角色发展中起着不同的作用，父亲给予男孩更多的是直接的榜样作用，给予女孩更多的是安全感。研究表明，男孩在 4 岁以前出现父亲缺位的情况，会更容易缺乏斗志，倾向于女性化；女孩在 5 岁以前出现父亲缺位的情况，在青春期与男孩交往的时候更容易焦虑、羞怯或无所适从。可见，父亲在孩子性别角色形成中发挥着非常重要的作用。

此外，父亲在对事物的判断、思考的深度以及执行力等方面都有独到的一面，这些优势会为孩子在思考问题以及动手解决问题等方面提供良好的经验支持。但如果父亲不能把自身优势转化为家庭教育的实践活动，不落实到教育孩子的细节中，那么孩子将无法学到父亲身上这些优秀的品质。同时，父亲教育缺失也会让母亲在养育孩子方面得不到强有力的支持。在教育孩子的过程中夫妻双方相互理解、支持、鼓励和配合，便会形成一种强大的合力。当孩子感受到爸爸和妈妈给予的肯定、鼓励和支持后，就能以积极的心态面对困难，挑战自我，超越自我。

父亲可以更好地帮助孩子提升综合素质

与母亲相比，父亲在逻辑思维和创造力、想象力方面有更明显的优势，参与家庭教育有利于子女智力的开发和体质的增强。父亲一般与孩子交往的主要形式是做游戏。在与孩子做游戏时善于变换方式，更能满足孩子的不同爱好和需求。一些运动量较大的活动，如跑步、游泳、打球等，有父亲陪伴和指导，孩子往往能玩得更尽兴，获得更多乐趣。在这个过程中，智力开发、锻炼身体、磨炼意志的目的也会同步达到。

爸爸参与亲子游戏的原则和注意事项

总原则：爸爸和孩子共同研发游戏，制定游戏规则，在游戏的同时拓展思维，提高能力。

注意事项：

（1）在游戏中爸爸以平等的姿态对待孩子，和孩子结成平等的玩伴关系，这样才能激起孩子对游戏的兴趣。

（2）游戏过程中爸爸要全情投入，像回到小时候，把自己当作一个孩子。要认真参与，不要等到孩子提醒的时候才应付一下，然后又去做自己的事情。

（3）当孩子无法独立完成游戏动作时，爸爸要鼓励孩子，不要包办代替，要培养孩子独立的个性，让孩子在指导下完成游戏。

（4）遵守游戏规则从不耍赖开始。培养孩子健全的人格和高尚的品质，是爸爸在游戏中的责任。要让孩子接受游戏结果，既能享受赢的快乐，也能输得起。

（5）游戏结束后，爸爸和孩子一起整理用具。

父亲可以丰富孩子的认知模式

孩子在与母亲的日常交往中，经常从母亲那里学到语言知识、生活知识等；在与父亲的交往中通过运动、做游戏等活动，对动手操作更感兴趣，产生探索精神，激发想象力、创造力以及求知欲望。

社会学家认为，一个人的事业成就感与父子（女）关系有密切的联系。换言之，与父亲关系密切的子女，一般有较强的上进心和工作毅力。如果父亲和母亲一起关心和培养孩子，那么无论男孩还是女孩，在语言、概念理解和数学计算等方面往往发展得比较全面。

父亲可以给予孩子更多交往技巧

父亲参与家庭教育有利于培养子女的社交能力。父亲经常参与孩子的游戏、生活，会帮助孩子扩大社会活动范围，丰富社交内容。在与孩子的互动中，父亲利用在教育中的独特作用来影响孩子的社交行为，有助于孩子锻炼社交技能，积累社交经验。父亲在与孩子做游戏的过程中，应帮助孩子建立一定的游戏规则，培养孩子的规则意识与行为习惯，激起孩子对游戏活动的积极反应和兴趣。

3. 制定家庭公约，了解社会规则

为什么要制定家庭公约？

9月刚开学，小明的妈妈就陷入焦虑。

孩子入学第一周，她已经成了老师重点约谈的学生家长。小明在校的情况让她非常着急：课上坐不住，随便说话，有时候故意出怪声，打扰老师上课，还经常随便离开座位。老师提醒他回座位他也不听，批评他，结果他一生气就把教室里的空气净化器踢倒了。上室外课的时候，他一高兴就到处乱跑，不开心就什么都不做，就是不能乖乖地跟着老师活动。

小明似乎成了班里学生中最特别的一个，这可让妈妈愁坏了。

上文中的小明是一个典型的缺乏规则意识的孩子。小明的妈妈经过和老师的细致沟通，最后找到了问题的关键——规则意识欠缺。妈妈回想小明的成长经历，心中十分自责。因为爸爸长期出差，妈妈工作繁忙，小明一直由爷爷奶奶带大。爷爷奶奶对小明过于宠爱，有求必应，他不想去幼儿园就不去，在家里更是说一不二，家里也没有人对小明提出过明确的"应该做"和"必须做"，只有"我想做"。这样的成长环境，使小明不懂得什么叫作"规矩"。

俗话说："没有规矩，不成方圆。"在小学低年级阶段，孩子在学校除了要完成学业任务，还要遵守学校规则。

学校的教育教学生活较幼儿园复杂得多，课堂教学和各种集体活动都有相应的规则，这些规则给刚刚进入小学的孩子们带来了不小压力。此时，规则意识强的孩子能够较快地适应学校生活，而规则意识欠缺的孩子就如孙悟空戴上了紧箍咒，浑身难受。因此，父母应重视培养孩子的规则意识和遵守规则的习惯，与孩子共同制定并实施家庭公约就是一种有效方式。

什么是家庭公约?

家庭公约，就是家庭成员共同制定、共同遵守的行为准则。它有利于形成轻松有序的家庭氛围，有利于孩子健康快乐成长。家庭公约不是家长给孩子制定规则，家庭成员彼此之间是平等的，有参与制定公约的权利，也有遵守公约的义务。

家庭公约主要内容

家庭公约通常包括如下四部分内容：

第一部分是家庭公约的制定人，包含所有家庭成员，要把所有家庭成员的名字写下来。

第二部分是家庭建设目标，目标的指向性和针对性要强。

第三部分是家庭公约的具体要求，要求要细致、具体，可操作性强。

第四部分是奖罚措施，措施要具体明确。

制定家庭公约和培养孩子规则意识的一些建议

第一，邀请孩子一起参与

站在孩子的角度思考，让孩子参与制定切实可行的规则然后努力去遵守，相比直接被告知要遵守某些规则，更加人性化，更容易让孩子接受。

第二，家庭公约要约束每一位家庭成员

父母必须明确，家庭公约不只用来约束孩子，自己也要以身作则，严格遵守。如果父母首先破坏了规则，会对孩子造成不良的影响，因为对于低年级的孩子来说，模仿成年人的行为是他们最擅长的学习方式，若父母没有做好表率，孩子可能会模仿父母破坏规则的行为。

第三，用适当的奖励来强化孩子的良好行为

针对低年级孩子的特点，父母可以适当地准备一些小奖品或和孩子约定一些奖励措施，以此强化孩子的良好行为，督促和帮助孩子更好地进行自我约束。

第四，带孩子走进社会，了解社会公共规则

当孩子开始适应家庭公约，对规则和自我约束有一定的了解和体验后，父母可以尝试带领孩子走出家门，走向社会，在公共环境中进一步感受规则。

通过感受不同环境下的规则，培养孩子自我约束的意识和能力。比如：在图书馆，让孩子了解借阅图书的流程和相关要求；在博物馆，让孩子知道在公共环境中不能大声喧哗，参观展览的过程中只能用眼睛看、用耳朵听，不可以用手触摸展品；在游乐园，让孩子在娱乐设施前安安静静地排队等候，按照工作人员的指令行动。这里需要强调的是，在每个环境的体验过程中，父母都要耐心地给孩子讲解制定规则的原因，并借助周围人的行为示范加以说明，告诉孩子只有每个人都遵守规则，大家才能更好地享受这些公共场所和设施带来的便利和乐趣。同时，父母也可以引导孩子理解每个人生活在集

体中，无时无刻不受到规则的约束，制定规则的最终目的是更好地为人们服务。

第2章
帮助孩子掌握方法，提升能力

父母是孩子的第一任老师，家庭教育对孩子的成长至关重要。

在家庭教育中，父母的高质量陪伴和科学指导对培养积极上进的孩子十分重要。那么，在小学低年级阶段，父母应该怎样引导孩子，帮助孩子养成好学、乐学的态度，养成良好习惯，提升学习能力呢？

1. 与汉字交朋友，从观察入手

对于小学低年级的孩子来说，识字是个难关。《义务教育语文课程标准（2022年版）》中明确规定：第一学段（1—2年级）要认识常用汉字1 600个左右，其中800个左右会写。

一位一年级孩子的妈妈发愁自己的女儿总是记不住生字。她特意裁好漂亮的卡纸，用规范的楷体字在卡纸上打印小学一年级语文教材生字表中所有的生字，每天带着女儿认两遍。但是奇怪的是，不管认几遍，很多汉字孩子换个语境就不认识了。

她去请教语文老师，语文老师告诉她：认字，不应是一件刻意的事，也不应从小学低年级才开始。父母从孩子婴幼儿时期，就可以引导孩子认字。不过，不是单纯地使用认字卡片这一种工具。

文　字

所谓文字，指的是用于记录语言、交流思想的符号或图像。也就是说，它首先是抽象的符号系统。只不过，现存的文字很多是表音文字，如英文单词，目前世界上大部分国家使用的文字是表音文字。我国流传几千年的汉字则是世界上现存的唯一仍在使用的表意文字。表意文字是一种用象征性书写符号记录词或词素的文字体系，不直接或不单纯表示语音。

当孩子达到 1 000 字的认字量的时候，他基本就能够做到基础独立阅读。认字的目的是阅读，阅读能力提高了，孩子的综合学习能力才能提高。

孩子在认字时，不宜采用过于机械的方法，要遵循以下原则：在情境中识字，在语境中识字，在趣味中识字。当孩子觉得汉字像一群小精灵，汉字是他的好朋友时，就会乐意认字、乐意学字。

原则一：在情境中识字

所谓在情境中识字，是指在具体生动的生活情境中识字。比如，在生活中，父母可以通过公交站牌、广告招牌上的文字，以及孩子感兴趣的动物名称、植物名称、玩具名称等，教孩子认识一些汉字，还可以引导孩子寻找所识汉字在生活中哪些情境应用，这样孩子往往会觉得汉字像一个个可爱的精灵，藏在未知的各处，等待他去寻找和发现。

在教学中，老师也会给孩子们创造很多识字情境。比如，在外出参观的实践活动手册上标记各种昆虫的名字，带孩子们认识运动会图例中各种场馆和比赛项目的名称，在学校地图上标注建筑物名称……孩子们识字像是在玩探秘游戏，汉字朋友正藏在生活中的各处等待他们发现。

汉字是我们的好朋友。把生活情境变成孩子识字的天地，孩子识字既不枯燥，记得又牢，何乐而不为呢？

原则二：在语境中识字

学汉字，最忌讳的就是单个字认，其困难程度就如同让你一下子记住一群陌生人的脸，并马上分辨出来，这就人为增加了识字的难度。因此，应让孩子在图中、词语中、句子中认字。孩子见到一个字的次数多了，自然就记住了。

乐乐6岁多就已经能够独立阅读汉字图画书了。乐乐很小的时候，妈妈经常买来各种绘本，每天一有空闲就会给孩子读书，不是简单地读，是对着字，慢慢地，一个词一个词地读，从最简单的每页只有一个词或者一句话的绘本开始。一本书，爸爸读，妈妈读，爷爷读，奶奶读，重复读很多遍，直到乐乐能够指着字，一字不落地将书读下来，有时乐乐还能够很准确地指出家人读错的地方。这时，乐乐就已经能够把一些简单的字认下来了，随后再换另一本书，继续读。等乐乐年龄大一些，妈妈就让他试着自己读，不会的地方请家人适当帮忙。为了自己能读，他会关注那些不认识的字，慢慢地就会认更多的字了。另外，大声朗读可以培养孩子阅读的准确性和细致性，对于阅读能力的培养非常有好处。

原则三：在趣味中识字

这里的趣味，包含识字方法有趣和识字过程有趣两方面。父母可以根据汉字的特点采用以下方法，以降低孩子的识字难度。

笔顺识字法。对于独体字，可先让孩子掌握汉字的基本笔画，然后让孩子掌握汉字的笔顺规则，最后用"数笔画"的方法学习独体字。如学习"术"字，孩子在掌握汉字基本笔画、笔顺规则的基础上，可以用"一、十、木、术"的方法识记。

结构识字法。对于合体字，可以先让孩子掌握汉字结构，然后掌握一些偏旁部首，最后用"加一加、减一减、换一换、合一合"的方法识字。如：女 + 马 = 妈，香 – 日 = 禾，"炒"的"火"换成"口"就是"吵"，三个"日"为"晶"。

图字结合法。对于象形字，可以先让孩子看与汉字相关的图画，再结合图像学习、记忆，如"日、月、水、火、山、石、田、土"等字。

归类识字法。对于形声字，根据它们一般会有相同的偏旁的特点，可以先让孩子了解每种偏旁与什么有关，然后归类识字。如偏旁是"目"的字一般与眼睛有关，利用"目"可以学习汉字"眼、睛、睡、眠、眨"等。对于会意字，可通过字面意思来学习。如：小土是"尘"，上小下大是"尖"。

顺口溜识字法。如：一人进了门是"闪"，有水方说"清"，有言去邀"请"，有目是眼"睛"，有心"情"意浓，等等。

谜语识字法。如"左边绿，右边红，左右相遇起凉风，左边最爱及时雨，右边最怕水来攻"，孩子既感兴趣，又容易猜出这个字是"秋"。还有一些有趣的谜语，如："牛过独木桥"就是"生"，"一口咬掉牛尾巴"就是"告"，"三人同日见"就是"春"，等等。

反义词识字法。如：我说"冷"，他说"热"；我说"前"，他说"后"；我说"左"，他说"右"。

形近字识字法。如：乌—鸟，今—令，木—本，扬—杨—汤—场，请—情—清—晴。

父母可以将学习汉字变成家庭亲子游戏，孩子一边玩，一边学，从而爱上汉字，爱上语文。

2. 聊学校趣闻，发展语言表达能力

语言表达能力是学生语文学习过程中的一项重要能力，小学阶段是孩子发展语言表达能力的重要时期，语言表达的词汇量逐渐增多，语言的逻辑性也逐渐增强。家长要抓住生活中的契机，帮助孩子发展语言表达能力。

培养低年级孩子的语言表达能力，最好的方法是聊天。每天接送孩子时，父母可以和孩子在路上聊天，想办法打开孩子的话匣子，如以学校生活为中心话题，让孩子说出心中所思所想。在这个过程中，父母可以了解孩子在学校的情况，也可以引导孩子准确生动地表达。

有些父母会说："我们家孩子不喜欢说话，就是一个闷葫芦。""问了就说两句，再问就不说了。"这种定论首先会让父母认为孩子不爱说话是常态，是天生的；其次会让孩子认为自己就是这样，进而强化了不爱说话的习惯。

父母该如何引导孩子养成善于表达的习惯呢？

策略一：用耐心和鼓励培养孩子表达的信心

低年级孩子掌握的词汇量有限，经常出现词不达意、表达不连贯的情况。有些父母是急性子，孩子表达不准或是半天说不出来时，父母就迫不及待替孩子说，甚至有些父母还会因为孩子表达得不够好数落几句。这样一来，孩子就更不愿或不敢表达了。

所以，父母在孩子表达时要有耐心，不管孩子说成什么样，都要给予一定的回应："真有趣！""哦，是这样呀！""对不起，妈妈刚才没听懂是怎么回事，你能再说一遍吗？"……用这样交互式的语言跟孩子进行交流，传递给孩子的是：我在听，我喜欢听，我很关注。这样，孩子就会有表达的兴趣，

也爱跟父母聊天。时间久了，孩子自然就会养成主动表达的习惯。

策略二：用追问或提示引导孩子准确表达

低年级孩子在表达的时候会出现说不清楚或者不知道怎么说的情况。这时，父母要用真诚的态度和温和的语言引导孩子进行准确表达。比如，孩子在讲某个活动，他可能一上来就直接说这个活动中最有趣的某个细节。这时，父母可以追问：活动最开始的时候你们去干吗了？然后大家都做了什么呀？这个同学说了什么，怎么做的？你为什么觉得这里最有意思啊？你怎么看他的做法呢？这样孩子就会在问题的引导下，逐渐厘清思路，找到准确表达的方法。如果孩子说的有些话父母虽然能听懂，但是表达得不准确，那就耐心地让他再说一遍。这个过程，也是纠正孩子表达不完善的过程。在父母耐心的帮助下，孩子会逐渐学会准确表达。

策略三：用夸奖和表扬引导孩子表达

让孩子爱上表达，最好的方法就是夸奖。父母可以多夸孩子，把小优点放大。比如跟孩子聊学校的趣事，他可能说不清楚、说不明白，这时父母可以夸他："你能把学校的事情跟爸爸妈妈分享，真棒！我们很开心，因为你把我们当成了你的朋友。"这样的夸奖，可以引导孩子积极表达。孩子表达时，有可能句子说得不够连贯，但是有个别词语用得不错，父母可以这样夸："你都会用四字词语了，真够棒的！""你这个表示声音的词用得真好，让我似乎看到了当时的情景，真生动！"这是在引导孩子表达得生动。如果孩子一次就把事情说得清楚明白，父母可以立刻说："宝贝真棒，几句话就让我们听得清楚明白，真厉害！"表扬时，父母一定要看着孩子，可以配合一些手势或者身体姿态，比如拥抱、亲吻，让孩子感受到父母的表扬是真诚的。表扬内容一定要具体，这样孩子才清楚自己哪一点做得好，以后才会坚持下去。

3. 在生活中培养数学思维能力

数学教学越来越注重与生活实际紧密结合，解决生活中的问题。父母可以从日常生活的点滴中，着手培养孩子的数学思维，帮助孩子提升数学学习能力。

我们首先要了解低年级数学的教学内容及要求，从中找到家庭教育的培养参照。

低年级数学学习的重点有数与运算、图形的认识与测量、数据分类等。这些其实都与生活密切相关，如果我们能够在日常生活中引导孩子学习与练习，孩子学起来一定会事半功倍。

"数"中认识数

孩子在小学入学前会认识一些数字，有些孩子甚至能够数到好几百，但这并不等于他们了解这些数的实际意义。父母可以从下面几个方面帮助孩子建立数的概念。

第一，在生活情境中随时数数，让孩子认识一个数的值，建立基数的概念。例如"5"是一个抽象的数值，父母可以带领孩子在实际生活中找到"5"所表示的实际数量，如：国旗上有 5 个五角星，每个五角星又有 5 个角；一只手有 5 个指头；桌子上有 5 个苹果……"5"还能表示可看到的一些连续量，如往盆里倒 5 杯水，时钟敲了 5 下……从而使孩子知道一个抽象的数可以表示的实际数量是很丰富的。这样的过程也让孩子发现数在生活中非常有用，将抽象的数与生活联系起来。

第二，抓住合适的时机认识序数，建立序数的概念，让孩子认识一个数或物体在一个自然数列或一组物体中的位置和次序。如让孩子知道 7 在 6 和 8 中间，7 大于 6 但又小于 8，训练孩子用多种方式练习计数。同时还可以利用实际生活中的数字材料，让孩子顺数或倒数，告诉孩子用来表示数量多少的数叫基数，如1个人、2只狗、3本书、4辆车、5个茶杯……用来表示次序的数叫序数，如第一棵树、第二节课、第三本书、第四辆车、第五个座位……

第三，在发现中认识数位，掌握十进制的概念。例如带着孩子使用计数器，让他发现并了解10以内的自然数是以"个"为计数单位的，满10后就出现一个大的新计数单位，即10个1就是1个10，10个10就是1个100。掌握数位的顺序和进位，这是读数和写数的基础。

第四，跟孩子一起正确地读数和写数。在孩子第一次学习读数和写数时，父母可借用数字儿歌，使数字形象化：

1像小棒斜着放	2像小鸭脖子长	3像耳朵有个弯
4像小旗高高举	5像钩子多一横	6像口哨嘟嘟响
7像镰刀来割草	8像麻花拧一道	9像气球空中飘

指导孩子写数时，应要求孩子将每个数字笔顺和结构写得正确、匀称、规范，不能乱画或倒插笔。

第五，在生活现象中正确认识"0"的意义。例如父母可以问孩子：0表示什么？如果孩子说"0表示一个也没有"，这时父母可以让孩子看看温度计并提问："当温度低于0摄氏度时，能说没有温度吗？"再让孩子看一看尺子，尺子上的刻度一般从0开始。还可以带孩子去超市看看，孩子会发现不同数位上的0意义不同，少了0或多了0，数就会发生变化。

看，生活中处处都有数学，将数与生活联系在一起，孩子们的数感才能够更好地建立起来。

"玩"出计算能力

计算，是数学学习中必须掌握的一种能力。在明白算理的基础上，需要反复练习。父母可以在游戏中带着孩子"玩"出计算能力。

手指计算器

两个人随机伸出手指，可以是 10 以内的任意数，相互碰在一起后做加法，谁最先报出正确得数，就算谁赢。

小小采购员

带孩子认识人民币，让孩子负责简单的采购，同时按照要求购买所需物品并结账。在这个过程中练习计算，孩子会感到新奇有趣。

"说"出数学语言

在数学学习中，"说"是特别容易被忽略的一个环节。有些父母觉得孩子能做对题就够了。其实，说清楚才代表真正明白，这是逻辑思维和语言表达能力融合的外在表现。让孩子把解决问题的思路说清楚，有利于孩子逻辑思维和语言表达能力的发展。

策略一：鼓励"说"

德国教育家第斯多惠指出："教学的艺术不在于传授本领，而在于激励、唤醒与鼓舞。"低年级学生好胜心强，他们渴望得到表扬，因此培养他们"说"的动力应从保护他们的自尊心开始，多鼓励，多表扬。

策略二：示范模仿帮助"说"

低年级学生模仿能力较强，父母可以先做示范，让孩子跟着学。父母的一言一行都会潜移默化地影响孩子。

策略三：具体形象促进"说"

在整个小学阶段，儿童的思维由具体形象思维向抽象思维过渡要经历相当长的时间。最好让低年级的孩子面对实物，一边看，一边摆，一边画，一边说，这样他们更容易说清楚。

策略四：给机会"说"

孩子语言表达能力差的重要原因之一是父母不问，孩子没有或很少有思考问题和发表自己见解的机会，语言表达能力得不到训练。所以父母要多问几个问题，例如：你是怎么想的？为什么？在这样的交流中逐步培养孩子积极表达、准确表达的能力，从而让数学语言同步发展。

"看"出敏锐思维

数学思维还体现在很多方面，比如图形的认识，实际生活中问题的解决，人民币的概念认知，重量单位、长度单位的认知……父母可以引导孩子细心观察，在生活中发现并积累数学知识，提升思维的敏锐度，从而提升数学思维能力。

4. 设定小目标，行动有方向

一年级第一周的语文课上，张老师正在带着同学们写字。同学们认真地听老师讲着字的起笔、行笔、收笔，努力地学着，大多数同学很快就把字写好了。可是，一个小家伙呆呆地望着面前的文具袋，本子上却只写了一个歪斜的笔画。

刚上小学的孩子坐在教室里，对身边的一切都充满了好奇，不管是文具盒、田字格本，还是老师的笑容、某一句话，都能够让他回想半天。因为他还不懂得上课要干什么，课堂的规矩是什么。例如，上课要注意听讲，听什么？怎么听？为什么要听？孩子可能不太明白。写字时，他会想："这支铅笔像树枝一样，我想写横，它非要斜着出去，我有什么办法？……"他的心里充满了好奇、疑问与学而不得的郁闷。只不过，他不知怎样表达而已。

父母可以用小目标帮助孩子一点点地进步，树立上课的意识，养成良好的习惯。

第一步，故事启发交流，了解规则

根据老师反馈的上课状态和表现，找出孩子在校学习中存在的问题。这时，很多孩子会回避自己的问题，不愿意与父母交流。遇到这种情况，父母可以试试以讲故事的形式与孩子进行沟通。例如，可以把现实生活中的上课场景编成动物学校里上课的场景，给孩子讲故事，让孩子做裁判官，说一说动物学校里的小动物上课有什么样的问题。在这样的交流中，帮孩子了解应该遵守的课堂规则和要求。

第二步，记录努力过程，及时奖励

跟孩子一起制定他目前上课努力的两三个小目标，比如上课眼睛要看着老师，按老师的要求做，不随意讲话，等等。随后，可以让孩子挑选喜欢的奖励方式，用每天盖章或者贴贴画的方式来记录表现，约定好贴画或者章积累到一定数量就可以换一个奖品。这个奖品可以根据孩子的喜好确定，可以是实物奖励，也可以是精神奖励。父母一定要注意，只要孩子有进步，就及时表扬孩子，让孩子有继续坚持下去的动力。

第三步，即时家校沟通，随时反馈

父母应尽量与班主任老师沟通。当老师向父母反映了孩子在校的一些问题，说明孩子的情况已经引起老师重视，老师在努力地帮助孩子进步。这时父母可以通过打电话、发信息或其他方式简明扼要地将在家教育孩子的方法和跟孩子约定的小目标告诉老师，向老师表达经常沟通的想法。老师同意后，父母可以利用每天接送孩子的机会，问一下孩子的表现，或者通过发信息、打电话的方式沟通。坚持一段时间，直到老师反馈孩子有了明显进步，孩子的习惯已经初步养成，这个过程一般为一周到两周。再坚持一个月左右，孩子基本达成了小目标，就可以设定新的努力目标了。

这样的方法可以用在培养良好的学习习惯、生活习惯和日常交往的习惯中。它的优点是要求明确，做起来不难，孩子记得清楚，便于坚持。在孩子入学初期阶段，用这样的办法培养孩子良好的习惯效果非常明显。

第3章
做孩子的朋友和导师

1. 爸妈小时候和你一样——共情的力量

学校体育教师让学生学习跳绳已有一个月时间，班里好多同学已经学会了，丁丁还没有学会，他很着急，请爸爸帮助自己练习。爸爸特别高兴地答应了，夸奖道："我儿子真努力啊！走，爸爸带你去练习！"

他们来到家门口的一块空地，丁丁跳了几次，总是磕磕绊绊地连不上，便垂头丧气地说："这绳子总不让我跳过呀，看来我学不会跳绳了。"爸爸笑着说："你真像我小时候，我刚学跳绳时也总跳不过去。""那您现在会跳了吗？"丁丁好奇地问。"会了，但我学了好久，可没有你现在学得快呢！"爸爸回答道。听了爸爸的话，丁丁又加油跳了起来。在爸爸的鼓励和指导下，几天后，丁丁学会了跳绳。

"蹲下"倾听，不下定论

低年级的孩子正处于对世界充满好奇、探知欲望强烈的阶段，但是他们对自己的能力还不能准确地做出判断。因此，在遇到难题或自己无法做好的事情时，他们可能会对自己的能力产生怀疑，从而失去信心。这时，父母的理解非常重要。在成人的眼中，孩子遇到的困难一般都不是什么大不了的事情，孩子认为很难的事情对于父母来说也许是轻而易举的。如果孩子在遇到困难时，父母对孩子的能力进行否定，甚至对孩子冷言冷语，如"你可真够笨的，这么简单的事都做不好！"，会给孩子造成很大的打击，孩子已经为自己的能力不足感到懊恼，这样的评价会让孩子更加认定自己不行。

"蹲下"倾听，指的是父母能俯下身来，认真听一听孩子的想法，感受孩子的情绪。父母可以回忆自己小时候在生活和学习中遇到的困难，把自己当作一个小孩子，以理解孩子的想法。这样，父母才能搭建起连接孩子内心的桥梁，让孩子对父母更加信任。

平等对话，表达同感

上述事例中这位爸爸的做法就产生了积极的效果。他站在孩子的角度，理解孩子的想法，用自己小时候同样的经历疗愈孩子对自身表现的失望，帮孩子重拾信心。当父母讲述自己的童年与孩子现在的情况一样时，孩子会觉得父母是理解自己的，接收并处理的信息是"原来爸 / 妈小时候也这样，看来我可能还不是太糟""我比爸 / 妈小时候还棒，所以我能做好"。

Tips 小贴士

父母和孩子之间应该平等对话，说话方式和态度的平等会让孩子感受到父母的真诚。父母用自己的经历表达对孩子现状的理解，更能激发孩子积极努力的信心。

2. 重视家长会，给孩子正向引导

"下周要开家长会！"中队长的一声通知在班里激起了波澜。

"啊，天哪，我可怎么办啊！老爸老妈他们都在国外啊！"小凤哀号道。"行了，行了，你哪有我惨？每回家长会，我爸我妈能开三天预备会，就为了商量谁请假来参会！"小明也很郁闷。"最惨的是我！每次家长会结束我一定挨批，爸爸妈妈总能找出我的问题！"林林也抱怨道。只有俊俊最悠哉，大家奇怪地看着他。"区区家长会算啥，我老爸最大的本事就是左耳进、右耳出，我老妈的本事就是今天听、明天忘。哈哈，我为什么要紧张？"

在家长会上，老师不仅会向家长介绍学校的教育理念、教育思想，年级的教学重点，还会反馈孩子的日常行为表现，说明孩子的优缺点以及努力方向，提出一些合理化的家庭指导建议，这对于家长掌握孩子在学校的学习和生活情况是一个很好的机会。

那么，谁去参加家长会呢？

在很多父母眼里，这不是问题，平时谁管孩子多一些，谁去参加家长会。有的父母实在没时间，干脆让爷爷奶奶或者姥姥姥爷去参加。就家长会的重要性而言，最好是孩子的父母亲自参加。

当大事，重沟通

家长会是父母了解学校、班级、孩子情况的机会，也是跟老师们沟通和交流的机会，所以父母最好能够做好充分准备。

首先，带好笔记本，以便于在参会过程中记录重要的内容，回家与家人沟通。

其次，注意自己的着装和个人形象。父母是孩子的榜样，也是家庭的名片。当父母身处校园中和教室里的时候，孩子们特别希望自己的父母是那个"闪光点"，更希望老师、同学看到自己的家庭是文明、和谐的好家庭。

再次，注意参会纪律，关闭手机铃声，认真倾听，不中途退场，大家共同营造良好的会议氛围。这样，老师能感受到被尊重，父母也能更好地了解班级和孩子的情况。

最后，会议结束后主动与老师沟通孩子的情况。掌握更多孩子的校园学习和生活情况，更有利于父母回家和孩子沟通。

树目标，多鼓励

开家长会的目的是建立有效的家校沟通机制，实现学校和家庭的良性互动，使孩子得到更好的发展。在家长会后，父母也要跟孩子沟通。

首先，确定沟通内容及方式

父母在与孩子沟通前，要用心地思考家长会上老师的哪些话需要传达给孩子，怎样传达才不伤害他的自尊心、自信心、上进心，哪些话父母心中有数就够了。要学会有选择地沟通。

其次，从优点说起

在沟通时，父母先从优点说起，如班级的优点、同学的优点、孩子的优点等；再说老师指出的班级的问题、孩子的问题，引导孩子思考出现问题的原因。这样的沟通，更容易被孩子接受，也可以从中了解孩子自我认知的准确度。

最后，与孩子一起制定明确的努力目标

制定的目标要细致具体。例如，针对汉字书写不认真，可以提出目标：每次写字要写工整，写干净。针对听讲走神，可以提出目标：老师说话抬起头，看着老师，听清楚，想明白。针对总是跟同学闹别扭，可以提出目标：

遇事不急，说话声低，先想清楚自己错在哪里……很多时候孩子不是不知道自己做得不好，是不清楚怎么做可以更好。所以，制定目标时应尽量不用否定词，如不能、不许、不可以等，而应用肯定词，如要、必须、能够等，用正向引导帮助孩子明确目标，不断进步。

3. 尊重童心世界，认同孩子的独立人格

儿子回家带回来一张卡片，神秘兮兮地在房间里又涂又画，而且还不让我看。他奇怪的举动让我好奇万分。在给他送水时，我看见了那张神秘的卡片。卡片中间歪歪扭扭地写着：依依和壮壮是好朋友！边上还画了很多我看不懂的图，但是一个小男生和一个小女生手拉着手的形象我看懂了。

这时，儿子发现我在看他的卡片，立马把卡片藏起来，冲着我嚷嚷："你怎么没经过我允许就偷看我的卡片！"

我只好努力解释，儿子这才息怒。随后，我小心翼翼地问他："为什么你不愿意让我看这张卡片呢？"儿子低声地说："你不是说你不喜欢依依吗？说她太闹腾。"

我的心里猛地一动，忽然想起在小区公园里他们俩闹成一团的时候我曾半开玩笑地说过这句话，没想到，这句话被小家伙记在心里了。于是，我拉着儿子的小手，接着他说："儿子，你喜欢跟谁做朋友，就跟谁做朋友，这是你的自由！"

这是一个关于尊重的故事。有些父母会习惯性地把"为你好"作为借口，让孩子无条件地接纳建议。但是，孩子也是独立的人，有自己的思想。父母要学会站在孩子的角度，尊重他们的想法，保护他们人格上和思想上的独立。

学会用孩子的视角看世界，尊重孩子的择友标准

以上述故事为例，作为妈妈的"我"希望儿子能对"我"坦诚相待。但是，最终"我"发现，阻止"我们"坦诚相待的，却是不一样的择友标准。作为妈妈，"我"喜欢乖巧听话的孩子。但是作为孩子，他喜欢的是能够跟他玩到一起的伙伴。择友标准的不同造成了选择的不同。因为"我"的拒绝，所以儿子选择躲避。

学会以平等的身份看问题，培养孩子人格的独立性

孩子虽然年龄小，但是他是一个独立的人，有自尊心、自信心，有自己的思考与判断。在他成长的过程中，父母是守护者，不是操控者，家长要学会引导孩子独立思考。在这个过程中，孩子可能会犯错，但这是一个人成长过程中必须经历的。因此，父母要尊重孩子的决定，给予孩子充分的信任，同时帮助孩子守住道德和法律的底线，促进孩子健康成长。只有尊重，才能创造融洽美好的亲子关系。

Tips 小贴士

孩子是一个独立的个体。他有自己的思考和选择，我们应该尊重他真实的想法和选择。只有这样，孩子才会愿意向我们敞开心扉，愿意向我们倾诉。

我们与孩子，不应该是上级与下级、管理与被管理的关系。因此，不能强制他接受我们的观点和决定。我们可以和他平等交谈，深入浅出地交流。但是，不应该强迫他接纳。让我们留一份尊重在心中，和孩子成为朋友吧！

4. 放下手机，用真情陪伴孩子

场景一：

饭桌上，小明一家三口吃着饭。爸爸和妈妈边吃饭边翻看手机，读新闻，小明则聚精会神地用平板电脑看着动画片。吃饭过程中，一家三口几乎没有交流，各干各的，偶尔听到妈妈的催促声。

场景二：

睡觉前，丽丽想让妈妈讲故事，对妈妈撒娇说："妈妈，您给我讲个故事吧！"妈妈说："手机里有好多睡前故事呢，妈妈放给你听啊。""可是妈妈，我就想听您讲。"丽丽拒绝了妈妈的建议。"那我以后不用手机给你下载故事了！"妈妈声色俱厉地说。丽丽委屈地含着眼泪入睡了。

场景三：

"瑞瑞，作业还没写完吗？快点写啊！"爸爸躺在床上，玩着手机游戏，头也不抬地喊道。而瑞瑞呢，嘴里答应着，可是手里还在玩铅笔。

很多父母对这样的场景并不陌生。如今，在公交车上、地铁里等场所，很多人手中拿着手机看新闻、读小说、玩游戏，与朋友聊天。手机就像磁石一样紧紧地吸引着人们，成为人们日常生活的重要组成部分。手机，正在影响着一代人的生活方式。

慢慢地，孩子的世界也充满了手机的身影，各种教育应用程序（App）迅速普及，比如趣味识字、数学运算、睡前听故事等迅速普及，仿佛孩子的教育也离不开手机。

但是，长时间看手机不仅危害人们的身体健康，还影响着人们的交往模式和家庭相处模式。为了营造和谐、温馨的家庭氛围，父母应适时放下手机，用真情高质量地陪伴孩子。

首先，尝试让孩子做手机管家

很多父母已经意识到手机不离手对家庭教育的不利影响，并尝试解决这个问题，但当人们对手机产生依赖，养成随时看手机的习惯后，就很难轻易改变了。

为此，建议父母每天设定一段时间（如晚上一个小时或两个小时）让孩子做手机管家，这段时间内由孩子统一保管手机，除特殊情况外大家都不能使用手机。

其次，设计活动，共度亲子时光

在不能使用手机的这段时间，可以做些什么呢？可以根据具体情况设计一些亲子活动，比如亲子游戏、职业扮演、全家大扫除等，也可以安排户外散步，让孩子在父母的陪伴下观察自然，感受四季的美好。

第4章
帮助孩子提升自我管理的能力

1. 磨蹭拖拉叫人抓狂，正视困难管理好时间

熙熙的父母要求他每晚9点前上床睡觉。父母经常从晚上8点就开始催促他洗漱，他却总是一边答应一边干着自己手上的事，很多时候都会磨蹭。比如父母让他去洗澡，他满口答应，可是手里玩的玩具并没有放下。他好不容易去洗澡了，脱衣服却十分缓慢，洗澡时一会儿玩水，一会儿照镜子。

在父母的呵斥下，熙熙才会动作快起来。

孩子做事磨蹭，缺少时间观念，说好几点完成的事却总是无法按时完成，这常常会使父母着急，甚至愤怒。那么就让我们冷静下来，分析孩子动作缓慢、磨蹭的原因。

孩子层面

原因一：时间无限

我们回想自己小时候成长的过程，大多数时候是无忧无虑的，觉得时间总是慢慢流逝，觉得长大成人离我们很遥远，那时的我们也常常被父母催促，

但是有多少次我们真的觉得时间是那么紧张，不够用了呢？当我们长大成人、为人父母后，上班时要处理工作中的各种问题，面对各种压力，回到家还要做家务，为孩子的生活、学业操心，为孩子的未来筹谋，感觉时间是真的不够用了。

在孩子的心中，他们有大把的时间；在孩子的心中，玩才是"硬道理"。于是，孩子在面对与玩无关的或自己不想干的事情时，就会慢慢来、慢慢做。

原因二：遇到困难

低年级孩子注意力集中的时间较短，阅历有限，欠缺处理复杂事物的能力，因此，在做一些不擅长的事情时容易拖沓，甚至会放弃。父母如果没有认识到这是因为孩子能力不足阻碍了他做事的进程，就会认为孩子在磨蹭。

低年级孩子注意力集中的时间较短，正处于从无意注意向有意注意发展的阶段。有的孩子注意力很难集中，在做事情的时候容易分神，以至很多事情进展很慢。

父母层面

原因一：负面示范

小涵的爸爸认为自己是个雷厉风行的人，干事快、不拖沓。他要求小涵做事情也要动作快、不磨蹭，看到孩子磨蹭的时候会大发脾气。然而在家里，他的一些行为却没有给孩子起到良好的示范作用。比如，晚饭时，妈妈准备好了饭菜，叫两人吃饭，小涵已经来到饭桌前，爸爸却还躺在床上看手机。妈妈让小涵去叫他，他才一边看着手机一边缓慢地移步到桌前。

有些父母要求孩子做事主动利索，但是他们做起事来却懒散拖拉，潜移默化地，孩子也受到影响。

原因二：要求明确，执行不严

熙熙的父母对孩子每晚上床睡觉的时间要求很明确，但真正实行起来却是有弹性的。比如，熙熙有时候可以因为父母认为一些重要的事情没做完而晚睡，而有些时候父母认为没有重要的事情要做，他就必须按时睡觉。但是孩子往往觉得自己做的事情都很重要，在他们心中区分不出父母认为重要的事是什么，父母的标准不统一会让孩子误认为每天晚上不在9点前睡觉是被允许的。那么，当孩子第一次被允许时，会试探第二次，又一次被允许，长此以往，孩子就会养成拖沓的习惯。

破解策略

策略一：正面施助

低年级孩子的理解能力较弱，父母要允许孩子在学习的时候问问题。如果看到孩子在学习时出现抠手、玩橡皮、东张西望等行为，父母不要感到焦虑或者愤怒，因为这时孩子可能需要帮助。

孩子在遇到困难，寻求帮助时，父母如果认为这个问题孩子有能力解决，那么可以引导孩子多尝试几种方法，给予孩子一定启发，鼓励孩子积极思考。

策略二：明确要求，严格执行

父母想培养孩子良好的时间观念，那么前期制定的时间标准和要求就不能随意打破，就像平时乘坐飞机、火车，没赶上某一趟的话，就只能改签或者退票，自己承担风险和损失。比如，上文中熙熙的父母要求孩子每晚9点前上床睡觉，那么在执行这一标准时，睡觉的时间就不要轻易因为父母的主观意识而改变，不要让孩子产生即使有标准和要求，也不必严格执行的想法。

2. 物品乱放让人头疼，置物定位从小培养

东东总是乱放东西。学校里，他的桌面上散放着铅笔、橡皮，一团团用过的卫生纸，有的本子折着角跟书叉在一起，几张美术课的作品皱皱地躺在

桌斗里。再打开他的小柜门，书包能直接从里面掉下来，显然他是费了很大劲才把书包塞进去的。书包后面的画面简直难以直视：水彩笔横七竖八地散在那里，跳绳乱糟糟地穿在各种物品中间……上课时，他把语文、数学课本都堆放在桌面上，将本子压在别的书本上写字。在家里，东东的房间总会呈现两种状态，要么乱七八糟，要么被妈妈收拾得整整齐齐。

许多像东东这样的低年级孩子还没有养成整理物品的习惯，他们认为的整理就是把东西堆放在一起。柜子里的东西堆在柜子里，桌斗里的东西堆在桌斗里。如果让他们收拾衣柜，他们很可能就是把衣服胡乱地堆在衣柜里。

孩子不会整理物品，大多是因为父母没有教会孩子整理的方法，没有给孩子自己整理物品的机会，没有训练孩子养成整理物品的习惯。

在《我和小姐姐克拉拉》一书中有这样的情节：妈妈每天都会跟克拉拉和弟弟说"把房间收拾整齐"，但他们的房间仍然总是很乱。这天他们决定收拾房间。克拉拉像大人那样告诉弟弟要把东西放在应该放的地方。结果，屋子甚至比原来更乱了，他们自己的东西不但没有收拾好，妈妈的项链、爸爸的眼镜也不知被他们放到了哪里。

原来，孩子们认为玩具车应该停在床下的"停车场"里面，洋娃娃应该坐在椅子上，妈妈的项链应该放在柜子里，爸爸的眼镜应该放在上衣兜里。

这是孩子整理房间非常真实的写照，反映了孩子不会收拾东西、父母不会指导孩子整理物品的问题。其实，良好的物品归纳整理习惯对于个人能力的发展有着非常重要的影响，应尽早培养。在家庭中，父母要以身作则，形成家庭整理习惯。要有固定的频次，比如每周或者每两周进行家庭整理。在整理的过程中，让孩子参与进来，从摆桌椅、收拾书本等简单的事情入手，培养孩子的秩序感。父母还可以带着孩子一起布置、收拾他的玩具柜、小书柜等，帮助他熟悉物品的摆放位置，为他以后独立归纳整理做准备。

让低年级的孩子尝试独立整理房间，父母可参考以下策略。

策略一：分类整理，有序码放

父母先跟孩子讨论一下什么是物品分类，用游戏、图画等方式帮助孩子迅速找到分类的方法，让孩子明白哪些物品应该放在一起；接着告诉孩子如何按顺序摆放物品，通过演示等方法让孩子明白按顺序摆放物品不但整齐有序，而且有利于再次使用。

比如，孩子在整理书柜时，父母可以告诉他一些摆放规则：如果书横向叠放，大开本的要放在下面，小开本的放在上面；如果是竖向摆放，那么大开本的书应该靠近书柜的两边，小开本的书依次向中间码放。有规则摆放图书，书柜看起来更整齐，也便于查找和拿取图书。

策略二：物品定位，随用随收

父母要跟孩子一起确定每样物品应该放的位置。如平时写字用的笔应该放在笔筒里，水彩笔放在水彩笔盒里，彩色铅笔放在彩色铅笔盒里……每样物品都要有自己的家，用完要随时放回它们的家里，不要让它们无家可归，四处流浪。用完的物品要让孩子随时收起来，这样才能腾出空间做其他事情，同时也节省了最后统一整理的时间。

策略三：重复训练，贵在坚持

父母不要认为告诉孩子整理物品的方法后，他就能够学会并且可以做得很好。整理物品对于很多孩子来说是一件麻烦且不易坚持的事。因此，父母要长期地、耐心地监督指导，及时肯定孩子整理物品的行为，帮助孩子逐渐养成良好的整理习惯。

Tips 小贴士

需要明确的是，整理物品的过程是漫长的、反复的，孩子会出现今天想整理明天不想整理、这回整理好了下回整理得不好的情况。父母要让孩子从简单的事情做起，一点点挑战更大难度的任务，逐渐养成整理物品的习惯。

父母随笔

PART3

温暖有爱的家庭

第1章
怎样营造良好的家庭氛围

　　孩子进入小学，成为一名小学生，正式踏上了求学的旅程，家庭的关爱对于刚刚入学的小学生来说十分重要。一方面，六七岁的孩子自我意识逐渐增强，容易产生逆反心理，他们需要父母的包容和理解。另一方面，孩子从幼儿园到小学的心理转变需要家庭的支持，父母无条件的爱和陪伴，可以帮助孩子顺利度过幼儿园与小学衔接期。

　　相信每个家庭都希望拥有温暖有爱的氛围，家庭的氛围对一个孩子的影响是全方面的。尤其是低年级孩子的家庭，父母应积极地看待孩子的成长，努力营造温暖和谐、积极向上的家庭氛围。

1. 不总说"别人家的孩子"

　　一年级的小美每天回到家，都要先弹一个小时钢琴，接着上一节英语一对一线上课程，做完这些还要背诵古诗。有时小美真想歇一会儿、玩一会儿，这时妈妈总会说："我同事家的孩子每天要学习的更多，你的休闲时间已经很充裕了。赶紧练！""你表姐为什么能考上那么好的大学，就是因为她小的时候家里要求高，从小学得多。你要向你表姐学习！"

多年以前，网上流传一段话："茫茫宇宙中，有一种神奇的生物，这种生物不玩游戏，不上网聊天，天天就知道学习，每次考试都得年级第一。这种生物可以同步学习多门功课，妈妈从不担心他的学习，这种生物叫作'别人家的孩子'……"

这段话在当时引起了无数网友的共鸣，大家纷纷在下面留言。这是很多人成长过程中的共同经历：从小被父母跟"别人家的孩子"对比着，仿佛"别人家的孩子"哪里都好。

"别人家的孩子"就像一句魔咒，伴随很多人成长，而这些人长大后有的又像被施了魔咒一样，"克隆"着同样的方式教育自己的子女。因为很多父母认为，给孩子树立榜样，会促使孩子向更优秀的人学习，会让孩子发现自己的不足，从而奋发向上，变得更为优秀。

殊不知，这种对比式的评价，可能仅让孩子看到了自己的不足。有的孩子非但得不到激励，反而会感到悲伤和愤怒。有的孩子可能会因为被比较而努力，但这种努力是伴随着羞耻心和求胜心的，并不是发自内心地想积极进取。

低年级孩子认识自我、认识世界的能力还很有限，他们对自己和对世界的认识更多的来自他人，尤其是与他们朝夕相处的父母。若父母总是将自己的孩子跟"别人家的孩子"对比，孩子可能更多地怀疑自己的能力，怀疑父母是否爱自己——如果爱自己，为什么总是夸"别人家的孩子"？这时，孩子往往会产生应激性的自我保护，本能地在自己心里将比较对象"笼罩"上一层心理上的"恶意"——产生厌恶或恨意。长此以往，孩子也可能会对父母产生厌恶或恨意。

那么，如何来破解这道魔咒呢？父母可以做以下尝试。

换一种方式：通过直接表达对孩子的期待来激励孩子

父母在对孩子进行说教时，本意是让孩子做得更好，变得更加优秀，但是冷静分析后发现，"别人家的孩子"这一说法给孩子带来的更多是打击而非激励，父母不妨想想到底什么样的语言才能真正达到激励孩子的效果。

有的父母可能觉得自己不是教育家，哪里会说那么多有教育艺术的话语来鼓励孩子呢？其实，只要静下心来，想一想自己真正想让孩子怎么做，然后正面鼓励孩子就好。只要秉持这个原则，父母就能做好赏识教育。也就是说，父母要表达对孩子的正向期待和信任，为孩子"加油"就是最好的鼓励。父母在鼓励孩子要超越自我的时候，可以说一句："加油，做更好的自己！"在激励孩子不要落后时，可以说一句："加油，不要被自己打败！"让孩子自己跟自己比较，不断超越自我。这样，让负面的"激将"变为正向的"激励"，让横向的"比较"变为纵向的"发展"，孩子会在愉悦的家庭氛围中感受到父母的信任和关爱，从而激发向上的内驱力。

换一个角度：把自己的孩子当成"别人家的孩子"

当父母习惯性地用"别人家的孩子"来对比自己家的孩子时，父母往往会放大给孩子选定的"榜样"的优点，忽视其缺点。那么，在这种对比中，父母就是在用别人家孩子的优势和自己孩子的弱势对比，比较的基础是双方的不平等，比较的结果是孩子心理的不平衡。

生活中可能会遇到这种情况：自家的孩子不小心犯了错误，比如吃饭时把碗打翻，很有可能会受到批评；如果孩子和同伴一起吃饭，同样的事情发生在"别人家的孩子"身上，父母很可能会对那个孩子说"没关系"，并主动帮忙收拾。这经常是父母对自己的孩子和对别人家的孩子的不同反应。很多父母习惯对自己的孩子苛刻，对别人家的孩子宽容，总能看到"别人家的孩子"的优点，即使发现"别人家的孩子"的缺点，也总是给予更多宽容。因此，父母可以把自己家的孩子看成"别人家的孩子"，换个语气、方式和孩子交流，或是放低要求。在宽松的家庭氛围中，孩子能更健康快乐地成长。

　　每个孩子都有自己的生命轨迹，小学低年级的孩子特别需要父母的呵护与帮助。孩子在成长过程中可能会出现粗心马虎、磨蹭拖拉、紧张焦虑等问题，父母要努力保持平和心态，用爱帮助孩子顺利度过小学阶段。

2. 我是家庭小主人

丽丽的衣服

丽丽："妈妈，今天我穿什么衣服？"

妈妈："你自己选吧。"

丽丽："妈妈，我穿这条裙子行吗？"

妈妈："不行，今天太冷了。"

丽丽："那我穿这条裤子行吗？"

妈妈："这条裤子那么白，你肯定会弄脏。"

丽丽："……妈妈，那您说我穿什么？"

妈妈："你自己选吧。"

丽丽："不，您选！"

　　这组对话反映了很多低年级孩子的家庭的日常情景。从这组对话中可以发现，这位妈妈的出发点很好，想给孩子一定的自主选择权，但是在孩子选择过程中，又不自觉地干预了孩子的选择。

　　很多父母在努力营造和谐民主的家庭氛围，努力让孩子学会对自己的事情负责，对自己的家庭负责，成为家庭的小主人。那么，如何帮助孩子树立自己是家庭小主人的意识呢？

首先，把选择权给孩子

这里的选择权，是指关于孩子对日常生活中的相关事物的自主选择的权力。比如穿什么衣服，背什么书包，看哪些书，等等，主要由孩子自主决定。

日常生活中的各种选择，正是培养孩子选择能力的好时机。父母不要所有事情都替孩子做主，一些简单的事情应让孩子进行自主选择。当然，在孩子选择前父母要进行一些指导，帮助孩子做出恰当的选择。

策略一：扩大选择范围

在生活中，孩子因为年龄小，在选择时往往会征求父母的建议，如丽丽在选择衣服的时候征求妈妈的建议。这时，父母要尽量扩大孩子自主选择的范围，鼓励孩子试一试。这样做的好处是：面对有些可以由孩子自主选择的事情，孩子可能会低估自己，在父母的鼓励下，孩子能够发现自己未曾展示的能力；如果孩子的选择缺乏恰当的方法，父母也可以在这个过程中给予必要的帮助，从而提高孩子的自主选择能力。

在日常生活中，当孩子面临一些无关紧要的选择时，父母可以放手让孩子自主选择。这样做为孩子自主选择提供了更多的可能性，扩大了选择范围，能增强孩子的自主意识，让孩子慢慢变得有主见。

策略二：提供选择途径

孩子由于年龄小，在进行选择时考虑问题的角度比较片面，会忽略许多实际问题。这时父母可能会干涉孩子的选择，就像丽丽的妈妈一样。结果是，孩子因为自己的选择总是被否定，内心会产生挫败感，甚至会产生厌烦、逆反等心理，以后不愿意再自己做选择。

父母可以为孩子提供多种选择，帮助孩子确定选择的标准。比如上述事例中，妈妈可以这样对丽丽说："今天的气温有些低，只有10℃，你说这样的天气能不能穿裙子呢？"丽丽自然会考虑排除裙子。妈妈还可以开玩笑似的提醒丽丽："你好像说今天有实践活动，上次晶晶妈妈说实践活动后晶晶的白裤子都变成黑裤子了。你会不会选白裤子？"丽丽听后或许会挑选其他颜色的裤子。当然，如果丽丽坚持选择浅色裤子，她也会记得妈妈说过的话，尽量不弄脏裤子。

如果孩子的选择能力相对较弱，父母也可以把选项减少，比如只给孩子准备2—3套衣服，让他从中选择。在孩子具备一定选择能力后，再让孩子尝试有更多选项的选择。在下次选择时，孩子也会根据上次选择的经验来考虑问题，让自己的选择更符合实际情况。

策略三：尊重选择结果

父母帮助孩子分析问题，进而确定选项之后，在孩子进行选择时，就不要再干预了。孩子最后的选择只要在备选项中，即便不是父母心中的最佳选择，也要鼓励孩子。这样，孩子才能果断地做出选择。

把选择权交给孩子

把选择权交给孩子，帮助孩子学会选择是一个循序渐进的过程。父母首先要明确，支持孩子自主选择的理念和实际行动要一致。建议父母一开始跟孩子一起讨论具体的目标和可能的选择方案，通过对比看哪个方案更合理；然后过渡到让孩子做一些简单的选择；最后让孩子做相对复杂的选择。

其次，听听孩子的想法

熙熙的周末

周六晚上，熙熙的爸爸和妈妈正在商量第二天去哪儿玩。爸爸说："咱们明天去爬山吧！"妈妈说："去看新上映的电影也行，听说那个动画片很不错。"熙熙在一旁听着，然后说："爸爸妈妈，是要带我出去玩吗？"爸爸妈妈异口同声地说："对啊！"熙熙说道："那怎么没人问我呢？""哦？你想去哪里？"妈妈问道。熙熙回答："妈妈，我想去动物园看大熊猫，可以吗？""当然可以！"

孩子有自己的想法和喜好，培养孩子的自主选择能力要从尊重他的想法和意见开始。很多事情父母不妨在提出自己的选项之前，先问问孩子的想法。听听孩子的想法，既是尊重孩子的体现，也能逐渐培养孩子主动思考的意识和习惯，增强孩子的家庭主人翁意识。

最后，让孩子做力所能及的事

家庭中，对于那些孩子力所能及的事情，父母要让孩子自己去做，不要代劳。让孩子做一些家里的事情，可以使孩子切身感受到自己是家庭中的一员，在家庭中扮演被需要的角色，同时还可以让孩子锻炼本领、提高能力。

3. 几个生日要牢记

铃声响了，开始上课。

我问同学们："爸爸妈妈知道你的生日在哪一天吗？"

"知道！""知道！"孩子们异口同声地回答。

"生日那天，爸爸妈妈向你们祝贺吗？"

"当然祝贺了！""祝贺的！"又是一片肯定的回答声。

"'知道的''祝贺的'请举手！"

他们骄傲地举起了手，有的还神气十足地左顾右盼。

"把手举高，老师要点数了！"我提高了声音，"啊，这么多啊！"

我的情绪迅速感染了他们，他们随着我一起点起数来，"15，16，17……"越点越多，越点越兴奋，声音越来越响，前排的孩子都回过头往后看，几个男孩子索性站了起来，我也不阻止他们。几乎所有的孩子都在快乐地交谈，谈的内容当然是生日聚会、生日礼物、父母祝福……

孩子们会感受爱了，但这还不够。我想去寻找蕴藏在他们心灵深处的、他们自己还没有意识到的极为珍贵的东西。我接着问："你们中间有谁知道爸爸妈妈的生日，请举手！"

霎时，教室里安静下来。我把问题重复了一遍，教室里依然很安静。过了一会儿，几位女学生举起了手。

"向爸爸妈妈祝贺生日的，请举手！"教室里寂然无声，没有人举手，没有人说话。孩子们沉默着，我和孩子们一起沉默着……

沉默了足足一分钟，我悄悄地瞥了一下这些可爱的孩子们——他们的可爱恰恰在那满脸的犯了错误的神色之中。我的语气缓和下来，轻轻地问："怎么才能知道爸爸的生日呢？"像获得赦免一样，那一道道躲闪的目光又从四面八方慢慢地回来了。先是一两声，继而就是七嘴八舌了："问爸爸！""不，问外婆！""自己查爸爸的身份证！"教室里又热闹起来，只是与沉默前的热闹已经不一样了。

结束这堂课时，我给孩子们提了个建议："为了给父母一份特别的惊喜，你们最好用一种不被父母察觉的方式了解他们的生日，而祝贺的方式可以是多种多样的，但记住一点，只要你表达了自己的爱，再稚拙的礼物他们也会觉得珍贵无比的。"

不久，学校开家长会，那些爸爸妈妈不约而同地说道："我那小家伙真懂事了呢！""他祝我生日快乐！""他送了我礼物！""他给我写信叫我不要烦恼！""他会体贴人了！"

此刻，我感到无比欣慰。

（选自《可贵的沉默》，有改动）

孩子记住自己的生日是件很容易的事情，然而许多孩子却记不住父母和其他长辈的生日，这需要引起我们的反思。为此，父母要对孩子进行感恩教育和责任教育，让孩子知晓以下几个生日：父母的生日、祖父母的生日、祖国的生日。

几个生日需要孩子牢记，传递了什么信息呢？

首先，是根植于孩子内心对他人的关爱

每个孩子都喜欢过生日，很多孩子在这一天能吃到美味的蛋糕，能得到家里人的祝福，还能收到心仪的礼物。但有多少孩子知道家中长辈的生日呢？上文中之所以称孩子的沉默为"可贵的沉默"，恰恰在于孩子的沉默代表孩子意识到自己对家人缺少关爱。父母可以告诉孩子，要懂得回报别人对自己的爱，爱是相互的，对他人给予爱是快乐的源泉，内心充满爱才能为幸福的人生奠基。

其次，是渗透给孩子生命可贵的教育

我们为什么要过生日？其真正意义在于对生命的歌颂。每个生命的降临都给无数人带来喜悦。因此，从生命可贵的意义上讲，生日这个纪念日是值得庆祝的。父母在给孩子过生日的时候，除了给孩子准备礼物外，也可以借此告诉孩子生命的价值。例如，有的父母在这个时候会告诉孩子："你又长大了一岁，更加懂事了。"其实，这是在传递给孩子生命成长的信息，让孩子感悟到，自己不仅仅个子在长高，能力也在提升，内心也在丰盈。

孩子在为父母、祖父母过生日的时候，也能感受到生命的可贵，体会到

家人之间的爱与责任，感知到时间的珍贵。

最后，是融入血液里的民族自豪感

记住祖国的生日，是中华儿女应该也必须做到的事。曾经，一个 4 岁的小娃在国庆节时对着国旗敬礼的照片触动了很多网友的爱国心和自豪感。父母要让孩子记住祖国的生日，培养孩子的爱国意识，给孩子讲述一些爱国故事，培养孩子的民族自豪感和爱国情怀。

第2章
怎样陪伴孩子

1. 教孩子建立时间概念

低年级的孩子需要父母的陪伴和关注，同时父母也要学会适当"放手"，给孩子留出必要的发展空间。有些父母可能会认为若自己不在孩子旁边，孩子就会磨蹭，做一件事不知要耗费多少时间。

父母可以帮助孩子把课余时间记录下来，然后和孩子一起将这些时间进行划分，安排相应的任务，并制定奖惩措施。

例如：

小宁的爸爸和小宁一起制定了一张时间表：

17：00—17：30　喝水、吃水果

17：30—18：00　学习

18：00—18：30　吃晚饭

18：30—19：00　休息、玩

19：00—19：30　练琴

19：30—20：00　　看书

20：00—20：30　　休息、玩

20：30—21：00　　洗漱，准备睡觉

这样划分时间后，孩子就能清晰地看到自己用来学习和娱乐的时间。父母可以尝试让孩子按照这个时间表来执行。要督促孩子执行这一时间表。如果完成学习任务超过预定时间，就要缩短玩和休息的时间；相反，如果提高做事效率，就会延长玩和休息的时间。

那么，对于缺少时间观念的低年级孩子，父母怎样帮助他们呢？

策略一：把抽象的时间概念形象化

时间概念对于低年级孩子而言是很抽象的，因此父母可以想办法帮助孩子把抽象的时间概念形象化。可以利用钟表、沙漏等工具，让孩子感受1分钟大约是多长时间，能做哪些事情。比如，1分钟可以跳绳100下，跑完100米，说话能说100多个字……让孩子感受到每分钟的可贵。

策略二：在计时中建立时间概念

父母可以让孩子对自己做的事情进行计时，比如，完成20道口算题的时间，看完一页书的时间，吃完一顿晚饭的时间，等等。让孩子在时间表后面记录每件事完成的时长，感受自己做事的效率，从而建立时间的概念。

策略三：认识钟表有助于明确时间概念

父母可以帮助孩子认识钟表上所示的时间，跟孩子一起设定一些事情的时间节点，让孩子对照时间完成。父母要随时根据孩子的时间把握情况给予其鼓励和建议，帮助孩子养成在设定时间内自主完成事情的习惯。

2．爸妈爱你永远比弟弟妹妹多几年

小美的妹妹出生了，邻居阿姨试探着问小美："小美，有了妹妹，爸爸妈妈不喜欢你了，怎么办？"

"不会的。我已经7岁了，妹妹今年才出生。爸爸妈妈对我的爱永远比妹妹多7年。"

阿姨听后睁大了眼睛，细细思索后说："这很有道理啊，小美，这是谁告诉你的？"

"爸爸妈妈啊，他们还说，因为对我的爱和关心永远比妹妹多7年，所以我要和爸爸妈妈一起爱妹妹。"

因为家里有了弟弟或妹妹而感到被忽略，进而学习和做事态度变得消极的孩子并非少数。这可能跟父母没有提前做好第一个孩子的心理建设有关。那么，如果家中有两个孩子，父母应如何既照顾好第二个孩子又不忽略第一个孩子呢？

第一，为第一个孩子进行心理建设

当家庭结构发生变化时，每个家庭成员都要积极地面对，从思想上建立"有付出就能获得快乐"的意识。同时父母要告诉第一个孩子："你永远是我们的第一个孩子，我们永远爱你。我们一起照顾弟弟或妹妹，我们永远是一家人。"

第二，家庭中需要注意父母二人的责任分工

由于妈妈承担哺乳等特殊任务，爸爸应该在第二个孩子出生之前就逐渐转变角色，主动承担第一个孩子的教育和良好习惯培养的重任。这样可以让第一个孩子有自然过渡的过程，父母借此契机引导第一个孩子为弟弟或妹妹做榜样，这样对两个孩子的健康成长都有促进作用。

3. 阅读，孩子一生的美好积淀

读书对一个人品格的养成和未来的发展都会产生巨大作用，因此父母要重视孩子阅读兴趣和阅读能力的培养。对于低年级孩子，如何培养他们的阅读兴趣和阅读能力呢？

第一，重视亲子共读

低年级的孩子正处在学拼音识汉字的阶段，这个时期读书对他们而言是相对困难的任务。此外低年级孩子的注意力集中时间较短，容易受到外界的干扰。因此，这个阶段非常需要亲子共读。

亲子共读是培养低年级孩子阅读兴趣与阅读能力的一种很好的方式。一方面，它可以创造亲子沟通交流的机会，增进亲子感情；另一方面，父母可以在陪伴孩子读书的过程中，将阅读的方法和理念潜移默化地传递给孩子。

第二，鼓励孩子出声朗读

低年级的孩子由于识字不多，且受到知识经验的限制，读书时常常一个字或一个词地朗读，停顿较多。父母要鼓励孩子出声朗读，并抽出一定时间陪伴孩子读书。

第三，建议孩子借助手指集中注意力

低年级孩子的注意力集中时间较短，为了更好地帮助他们专心阅读，父母可以建议孩子通过指读的方式来集中注意力，手指一个字读一个字。这样孩子的目光可以始终跟着手指移动，不容易受外界环境干扰。

第四，营造良好的阅读环境

想要培养孩子的阅读兴趣，让他从小爱上读书，除了要培养孩子的阅读能力和习惯，教给他合适的阅读方法以外，在家里营造良好的阅读环境也十分重要。在室内装修和家居布置上就有很多值得开发和设计的内容，其中书

柜是必不可少的重要元素。为了更好地鼓励孩子阅读，父母在选择书柜时可以参考孩子的意见，尤其是放置儿童读物的书柜，可以让孩子自己选择，让他们意识到书柜上的这些书都是属于自己的，从而更加用心地爱护图书，认真阅读。另外，还可以在床头设计简单的小书架，用来放置一些睡前读物。有条件的家庭也可以在客厅等地方设计有艺术感的书架，营造读书氛围。图书的摆放要考虑孩子的身高，尽量把适合孩子阅读的图书放在较低的位置，方便孩子自行取放。

第五，设置奖励激发孩子的阅读兴趣

鼓励和强化刺激在培养孩子阅读兴趣和阅读能力上同样重要，设置适当的小奖励对于低年级的孩子尤其适用。父母可以和孩子一起制订读书计划，在孩子完成某一阶段目标后给予其奖励，可以是孩子喜欢的玩具，也可以是一次家庭郊游，等等。对于成套的书，父母可以和孩子约定，孩子在读完一本之后再换取下一本的"购买券"，读完整套图书还可以获得额外的奖励。这些方法都能够很好地激发孩子读书的兴趣，让孩子爱上阅读。除此之外，在某些重要节日或者重大纪念日时，父母还可以将图书作为礼物送给孩子。低年级的孩子对礼物总是有很大的热情，礼物既是对孩子的奖励，又在无形中表达了父母对孩子读书的期望。

亲子共读的多种形式

亲子分角色朗读

分角色朗读是孩子喜闻乐见的一种阅读形式。因为角色对话对于孩子来讲既生动又简单，语句也不会很多。所以在亲子阅读时，父母让孩子选择扮演故事中喜欢的一个角色进行朗读，既能激发其阅读的兴趣，也能培养其专注学习和做事的习惯。

亲子接力读

亲子接力读即孩子读一段，父母读一段。孩子自己读时遇到不认识的字会根据拼音拼读，父母要耐心等待并给予鼓励，还可以辅助孩子将拼读出的一个个词语通顺连贯地组成一个句子。父母接着读时要注意语速，鼓励孩子小声地跟着读。

亲子表演读

亲子表演是对阅读文本再利用的过程。上小学之前的孩子，有时会对一个故事情有独钟，听好多遍或翻来覆去地看。上小学之后如果孩子还有这个习惯，父母应该支持，同时可以和孩子一起根据故事内容进行情景表演，将故事语言再利用，将阅读内容再加工。表演的过程也是培养孩子各方面能力的过程，可谓一举多得。

第3章
助力营造良好教育环境

1. "易子而教"在当代家庭中的运用

"易子而教"出自《孟子·离娄上》，意思是家庭之间交换孩子进行教育。几个家庭，如果在教育孩子的理念上相近，相互教育对方的子女，既可以减少父母亲自教育引发的亲子矛盾，还能弥补父母在教育孩子上能力、思维方面的不足。

我国古代教育家孟子提倡"易子而教"并亲身实践，将自己的孩子交给别人教育。孟子的解释是："势不行也。教者必以正；以正不行，继之以怒；继之以怒，则反夷矣。'夫子教我以正，夫子未出于正也。'则是父子相夷也。父子相夷，则恶矣。古者易子而教之，父子之间不责善。责善则离，离则不祥莫大焉。"

孟子认为亲自教育孩子在情势上是行不通的，因为教育必定以仁义正道要求孩子，要求孩子做得完善。教育如果没有成效，父亲就会发怒，这样很容易破坏父子之间的亲密感情。

有些父母（包括祖父母）对孩子往往容易娇惯溺爱，很难严格要求并客观地对待自己的孩子。还有些父母有时对孩子的期望值过高，一旦孩子犯错或达不到父母的要求时，就大声斥责、粗暴对待孩子，这些做法都不能达到很好的教育效果。

对于当代的家庭教育而言，父母该如何"易子而教"呢？

以互敬为原则寻找"易子而教"的合作家庭

现代教育中的"易子而教"是广义的，不是合作家庭交换孩子来教育，而是彼此支持、彼此关注。合作家庭范围不只是一对一，还可以以班级或者社区为单位建立家长委员会，家长在参与家长委员会的工作时，与班级学生有了更多的接触，为其他家长提供更多相互了解的机会，这使"易子而教"在班级中开展成为可能。

"易子而教"的首要条件是互敬，也就是相互尊重，相互认可，尊重彼此的家庭文化，认可彼此的家庭氛围，乐于一起合作尝试"易子而教"的家庭教育新方法。

采用多样化的"易子而教"的教育方式

从浅层次的家庭教育合作开始，两个家庭可以定期聚会，孩子们在一起玩耍。其间，有意识地请对方家长对自己的孩子给予鼓励、提醒甚至是批评，在这个过程中树立对方家长在孩子心目中的威信。孩子在这一过程中既可以感受到对方家庭的文化理念，也可以感受到不同于父母的另一种教育方式。

双方家庭成员熟悉以后，可以进一步加深合作。例如找合适的时间，由其中一个家庭的父母带双方的孩子出去玩或者让孩子独自去对方家里做客，让孩子在离开自己父母的情况下逐步融入对方的家庭文化中，接受潜移默化的熏陶。有些时候父母会发现，自己怎么说孩子也改不了的坏习惯，在这种情况下竟然悄悄地改掉了。在这个过程中，父母可以尝试以下具体做法：

（1）交流家庭教育现状，沟通彼此教育的目标。

（2）建立阅读场所，双方交换书籍，便于交流。

（3）定期共同参与一些活动，如郊游、比赛项目等。

（4）聚会时彼此展示拿手菜，提高劳动和实践能力。

（5）组织亲子之间的"真心话大冒险"活动，互说优缺点。

（6）同行远游，全方面深入合作，彼此各有收获。

选择亲近的家庭"易子而教"，互相渗透不同的教育理念，会收到良好的教育效果。

客观评价、真诚沟通是"易子而教"的重要保障

客观评价对方家庭的孩子是"易子而教"的重要保障。不要碍于面子或者因有所顾虑而对合作家庭孩子身上的问题视而不见。作为教育合作者、协同者，发现问题彼此沟通时，要通过现象寻找成因。双方沟通时要讲究方式方法，要尊重对方家庭的文化背景和社会背景，这样才能确保两个家庭愉快地进行合作教育。有时父母会惊喜地发现，平时自己经常唠叨孩子的那些问题，换个家长向孩子提出来，孩子马上就重视起来了。当然，对于对方家庭反馈的信息和问题，父母也要学会理性面对，善于反思，不能一味地将问题的产生归因于孩子，孩子是父母的镜子，父母要学会从自己身上找原因。

2. 助力班级建设，创造优良环境

优良的环境造就优秀的个人。但是，优良的环境也需要每个身处其中的人来共同打造。

作为家长，如何助力班级环境建设呢？

首先，要有班级共建认知

家庭和学校通过密切的合作，可以确保学生教育的有效性和科学性，提高教育效率，取得预期教育效果。老师和家长要共同助力学生的发展，每一个家庭只有具备班级共建认知，才会自觉地贡献自己的力量，形成人人受益的新班级环境。

其次，根据自身的特点或资源助力班级建设

具有某方面特长或资源广泛的家长可以协助班级组织社会大课堂，为孩子们打开更多知识殿堂的大门，开阔孩子们的视野，使他们了解更加多彩的世界；还可以利用一些节日，组织孩子们开展有意义的学习活动，把学校课堂与多彩生活巧妙结合起来。

最后，积极参与班级活动

家长可以积极主动地参与孩子的班级活动。比如，积极参加学校组织的亲子运动会，努力为班级争光。家长在活动中大显身手是对孩子极大的鼓舞，也让孩子感受到榜样的力量。

总之，家长积极参与班级建设，为班级建设出力献策，优化班级环境，就是在为孩子创造优良的成长环境。

2023 年 1 月，教育部、全国妇联等十三部门联合印发《关于健全学校家庭社会协同育人机制的意见》（以下简称《意见》），明确了学校、家庭、社会三方在协同育人中的各自职责定位及相互协调机制。其中家长承担着家庭教育的主体责任，《意见》指出：家长要强化家庭是第一个课堂、家长是第一任老师的责任意识，注重家庭建设，坚持以身作则、言传身教，培育向上向善家庭文化，积极传承优良家风，弘扬中华民族家庭美德，构建和谐和睦家庭

关系，为子女健康成长创造良好家庭环境。家长要积极参加学校组织的家庭教育指导和家校互动活动，自觉学习家庭教育知识和方法，主动参与家长委员会有关工作，充分理解学校正常教育教学工作，积极配合学校依法依规严格管理教育学生。家长要充分认识社会实践大课堂对子女教育的重要作用，根据子女年龄情况，主动利用节假日、休息日等闲暇时间带领或支持子女开展户外活动和参观游览，积极参加多种形式的文明实践、社会劳动、志愿服务、职业体验以及文化艺术、科普体育、手工技能等实践活动，帮助子女更好亲近自然、开阔眼界、增长见识、提高素质。

PART4

帮助孩子走向社会

第1章
走进社会从社区开始

　　社区就是一个小社会。孩子从小生活在社区里，对于社区里的一草一木、每一项娱乐设施都很熟悉，他们在社区公园里跟一起长大的玩伴嬉笑打闹，就连邻居家的小狗都成了孩子的好朋友。社区就像家庭一样给予孩子成长所需要的空间和情感。孩子在享受社区给予他们的快乐时，也应当慢慢学会像爱护家庭一样爱护自己生活的社区。

1. 与邻里友好相处

　　学会如何与邻里相处是孩子社会化学习的内容，父母要给孩子做出正确的示范。

做事体谅他人

　　小学低年级的孩子高兴的时候可能会在家里蹦蹦跳跳，在户外可能会因为着急而从老人身旁飞跑而过，把老人吓一跳……父母要提醒孩子在做事时应时刻考虑别人的感受，在社区里遇到老人，提醒孩子让行或等待。平时为孩子做好榜样，例如家里播放的音乐、电视节目时等音量适中，以免影响邻居，看到邻居有困难及时给予帮助，这些行为对孩子都有潜移默化的影响。

主动与邻居打招呼

很多孩子从小会被父母教导见到邻居要打招呼，但是一些孩子需要在父母的提示下才会这样做，他们还没有养成主动和邻居打招呼的习惯。有些孩子是因为害羞不敢主动向邻居问好，也有的孩子是因为没有意识到要与邻居打招呼。对于前者，父母要鼓励孩子勇于表达；至于后者，父母要为孩子做示范，并提醒孩子主动与邻居打招呼。

2. 让孩子成为社区公益小主人

现在很多学校鼓励小学生参加社会实践活动，特别是到了寒暑假，有的学校会给每个学生发一份"社区公益实践活动回执单"，请学生在放假期间至少参加一项社区公益实践活动，并填好回执单，开学后在班级里开展活动交流分享。对于这项活动，不同孩子的父母有不同的对待方式。

一

二年级暑假的最后一天，森森和妈妈一起为新学期开学做准备的时候，突然发现书包里还有一张暑期社区公益实践回执单没有填写。学校要求学生参加社区组织的青少年活动，请社区工作人员填写评价意见并盖章。

为了让森森完成这项任务，妈妈赶紧拿着回执单，拉着森森去居委会填表并盖章。可是居委会安排的一系列暑期实践活动已经结束，工作人员本着负责的态度拒绝给森森的回执单盖章。看到森森担心的神情，妈妈"急中生智"地说："不是需要服务吗？那森森快过来，帮居委会的叔叔阿姨扫地吧，然后再跳段舞，这样就可以了吧？"居委会的工作人员听了这话哭笑不得。

二

放暑假的第一天，一年级学生乐乐的爸爸妈妈就和乐乐一起制订了假期计划。爸爸妈妈询问乐乐学校是否布置了参加社区实践活动的暑假任务。得到乐乐肯定的答复后，爸爸带着乐乐一起来到居委会，将回执单交到工作人员手里，并从居委会那里领取一份"青少年暑期社区公益实践活动安排表"。回到家后，一家三口商量后确定了几项乐乐感兴趣而且时间也合适的活动，将活动主题和时间也写进了乐乐的暑期计划里。有几项活动安排在周末，爸爸妈妈也计划和孩子一同参加。

参加社区志愿服务活动对小学低年级的孩子来说不仅是完成一项假期任务，孩子在参与的过程中也能够提高对社区公共事务的关注度，提升发现问题和解决问题的能力。

上文提到的两个事例中，父母对待活动的态度截然不同。如果父母只是把参加公益活动看作一项不重要的假期任务，以应付的心态请社区工作人员在回执单上盖章，那么孩子将没有任何收获；如果父母把参加公益活动看作一个锻炼孩子的好机会，鼓励孩子认真参与，那么孩子将收获满满。

在社区公益活动中，父母不同的做法和引导会让孩子有不同的体验。所以父母需要了解自己在孩子的社区公益活动中可以扮演哪些角色。

引导者、协助者

孩子是社区公益活动的主体，父母所做的是让孩子在活动中获得更多的体验。所以在活动的策划、小组分工、资料的搜集及活动实施中，父母要做好引导者和协助者。当孩子在活动的某些环节遇到困难时，父母可以给予孩子启发式的指导，引导孩子想办法解决问题。小学低年级的孩子需要通过实践锻炼自己动手和动脑的能力，父母要多给予孩子鼓励，并引导孩子在活动后进行反思和总结。孩子通过反思活动中存在的不足，总结经验，才能不断提高实践能力。

资源提供者

除了引导孩子，父母还要积极留意适合孩子参加的社区公益活动。同时，父母还要注意孩子参加活动的广度和深度。不同类型的公益活动可以让孩子接触到社会的不同方面，如社会公共事务、各种职业及从业者，可以增强孩子与人交往的能力，使孩子对社会各行各业有初步的认识，并可以在不同的实践活动中应用已学到的文化知识。

父母需要注意孩子参加活动的连续性，同一项公益活动可以让孩子由浅入深地去体验。例如，连续参加垃圾分类活动。初次参加时，孩子可能仅了解垃圾分类知识，在平时注意正确投放垃圾；第二次参加时，就可以宣传垃圾分类知识，指导人们正确投放，树立保护环境、建设美丽社区的意识。孩子如果有层次、有深度地参加同一项公益活动，就会养成对一个问题进行深入思考的习惯，同时也能通过一个公益活动的主题扩展很多相关常识。

榜样的力量

父母的公益行为和活动经历可能会有效影响孩子的行为。父母参与的公益活动的类型不同，对孩子参与公益活动行为的影响可能也有差异。与捐助经历相比，父母的志愿者活动经历与孩子参与公益活动行为之间的关系更为紧密。有志愿者活动经历的父母，其子女参加志愿者活动的比例要比没有这一经历的父母的子女高；有捐助经历的父母，其子女参加捐助活动的比例要比没有这一经历的父母的子女高。所以，父母应多参与社会公益活动，发挥榜样和引领作用。

✿ Tips 小贴士

如果家庭居住地所属的居委会（或村委会）没有组织社区公益活动，父母就要为孩子寻找相关的社会资源，为孩子搭建社会实践的平台。父母可以搜索一些公益组织的网站帮助孩子寻找做志愿服务的机会，父母们也可以联合起来帮助孩子在社区里组织公益实践活动。关于如何寻找社会资源，父母在孩子的活动中所起的作用以及帮助孩子组织活动的技巧，可以参看由北京师范大学出版社出版的"青少年志愿服务公益实践指导丛书"。

3. 孩子可以独自购物了

很多孩子喜欢逛超市，因为那里有他们喜爱的糖果、糕点和玩具等。每次去超市购物，孩子基本都是和父母或祖父母一起，多关心购买自己心仪的零食或玩具。其实，父母可以鼓励并帮助孩子独自完成超市购物。

首先，列出超市购物的清单和预算

父母可以和孩子一起拟订一日的家庭菜单，请孩子根据菜单检查家里已有的食材，列出需要购买的食材。列完购物清单后，父母可以帮助孩子检查是否有遗漏，并添加家里需要购置的其他生活用品目录。但是注意不要列太多，以孩子能够独自将所购买的物品提回家为宜。列好购物清单后，父母可以估算出购物所需资金，最好不要给孩子太充裕的资金，以够用为佳。

其次，规划好购物路线

父母可以让孩子选择一个熟悉的超市，在出发前帮助孩子回忆去往超市的路线，必要的话可以和孩子一起画一张超市购物路线图。所选超市离家要近，尽量不让孩子穿越马路。如果孩子第一次独自外出购物，为安全起见，父母可以在孩子不知情的情况下跟随，尽量不被孩子发现。父母可以观察孩子在购物途中的表现以及如何在超市里寻找或选择商品。

最后，对各种情况做出预判

超市购物对于成年人来说很容易，可是对于小学低年级的孩子来说，他们可能会遇到很多问题。比如，超市的货架太多，孩子一时间找不到需要购买的某种商品。对于可能出现的这种情况，父母可以预先提醒孩子，如果找不到某种商品，可以询问超市里的工作人员。再比如，要买的商品在货架的高处，孩子自己拿不到，父母可以提前在家里问问孩子，让他们自己想想遇到这种情况该怎么办，提前做好预判。另外，父母还需要教孩子如何把购买的商品放进购物袋，哪些东西可以先放进去，哪些东西易碎或者易被挤坏，要放在最上面。这些对于一个小学低年级的孩子来说都是不小的挑战。

超市购物不仅可以锻炼孩子的思考能力，更能锻炼孩子独自外出与人打交道的胆量。通过购物，孩子也会对家庭日常开销和商品价格有大致的了解。

🌸 Tips 小贴士

锻炼孩子独自购物的场所，不仅限于超市，离家很近的果蔬店、文具店都可以，以路线的安全性为选择原则。在孩子独自购物之前，父母要多次带领孩子熟悉这条路线，提示孩子需要注意的安全问题，必要的话可以进行情景模拟。在孩子独自出门的时候，父母可以在后面悄悄跟随，并且让孩子牢记父母的电话号码，携带手机或电话手表，以备不时之需。总之，安全是第一位的，独自出门要在确保孩子已经做好充分的心理准备的情况下进行。

为了增加孩子独自去超市购物的趣味性和安全性，父母也可以让孩子和社区里的一两个好朋友结伴同行，这样遇到困难时可以一起想办法解决。

如果孩子是第一次独自购物，父母可以帮助孩子列出品种较少的购物清单，预算可以充裕一些。父母可以在孩子第二次、第三次独自购物的时候逐渐增加购物难度。

4. 就餐礼仪不可忽视

　　孩子有时会跟随家长在餐馆等公共场所用餐，在就餐的过程中也要遵守社交礼仪和规则。

　　孩子上小学后，已经可以独立用餐，他们在公共场所就餐时的言谈举止可能会受到周围就餐人的注意。

一

　　进入小学后，婷婷认识的字越来越多，全家人在外就餐时，她很喜欢拿菜单点菜。每次到了饭店，服务员把菜单放到餐桌上后，婷婷总是抢着拿菜单。即使有时服务员把菜单递到妈妈手里，婷婷也会立即把菜单夺过来。开始时，婷婷的爸爸妈妈不以为意，觉得孩子喜欢点菜是好事，这样她能多吃些。于是爸爸妈妈总是宠溺地让婷婷尽情地点她喜欢吃的菜。每次婷婷点菜的时候总是看这个也想吃，看那个也想吃，结果一个人就会点好几道菜。让爸爸妈妈感到尴尬的是，有很多客人一起吃饭的时候，婷婷还是抢着看菜单，然后自顾自地点很多喜欢吃的菜。每当这个时候，客人们总会体谅地安慰婷婷的爸爸妈妈："就让小孩子点吧，没关系的！"

二

　　笑笑是一个精力非常充沛的二年级男孩，跟着爸爸妈妈到饭店就餐的时候，对他来说最困难的就是消磨等餐的那段时光。他无法安静地坐在座位上，身子总是扭来扭去，甚至上蹿下跳。他还很喜欢把餐具摆弄得叮当作响，经常引来周围就餐人的注意。饭菜上桌后，笑笑吃得飞快，很快就吃饱了，于是他又会感到无聊，急着催爸爸妈妈快点回家。

　　从上面的两个事例中，我们可以看出有些小学低年级的孩子在外就餐时，如果没有父母的提醒，很容易以自我为中心，而忽略别人的感受。在父母和其他家人的宠爱下，他们已经习惯成为被照顾的对象——所有人都要迎合自己的口味；为了打发无聊的时间，自己可以无所顾忌；自己吃饱了就要回家……如此表现，可能会影响周围人的就餐心情。所以，父母要尽早让孩子懂得一些公共场所的就餐礼仪。

第一，等候要耐心

外出就餐，孩子经常要面对等候的情况。吃快餐，要排队等候点餐；吃自助餐，要排队等候取餐；吃桌餐，要等候上菜。父母要帮助孩子逐渐适应安静地等候，要让孩子懂得行为举止要得体。为了避免已经进入小学的孩子在等待就餐时出现哭闹、吵嚷的行为，父母可以在外出就餐前提醒孩子携带喜欢的图书或玩具，这样孩子在等待上菜的时候就不会感到无聊。如果没有携带图书或玩具，父母可以陪孩子玩一些安静的小游戏，如成语接龙、古诗词接龙、算数游戏，也可以请孩子小心地给大家分发餐具、饮料。面对需要排队点餐的情况，父母可以鼓励孩子自己估算餐费，然后让孩子根据钱数点餐。这样，因为有任务要完成，孩子往往就不会觉得等候是件无聊的事情。

第二，点餐要适度

父母在外出就餐前先和孩子定好规则，例如每个人只能选择一道自己喜欢的菜，这样比较公平，而且大家也可以分享各自喜欢的菜品。父母要让孩子保证一定会吃自己选择的菜，不能在品尝之后觉得不好吃就不吃了，如果这样的话就取消孩子一次选择菜品的机会。如果孩子不能确定菜品是否符合自己的口味，父母要鼓励孩子在点餐的时候向服务人员询问菜品的原料和口感。孩子喜欢看菜单点餐的一部分原因是他们进入小学后认识了很多字，对自己能够读懂菜单上的字很有成就感，这样的识字积极性也应该鼓励。只是父母在鼓励孩子的同时，要提醒孩子外出与他人一起就餐，要懂得就餐礼仪，应请客人先点餐。

如果是吃自助餐，父母要提醒孩子适量取餐，吃完后还想吃可以再取，一次多取却吃不完是一种浪费行为。

第三，进餐要有礼

如果孩子有一些不好的就餐习惯，例如站起来夹菜、用筷子在菜盘里胡乱翻动、吃饭时大声喧哗等，父母要及时给予纠正。平时要给孩子教授常规的就餐礼仪。例如：夹菜时要用公筷，不在菜肴中翻来翻去；转动旋转餐桌夹菜时，要先看看是否有人正在夹菜；新上的每道菜都要请长辈先吃……

Tips 小贴士

孩子如果喜欢在饭前用看书来打发等待的时光，父母一定要和孩子约定好，一旦开始吃饭，就要停止看书，不能沉浸在书里而迟迟不愿吃饭。

在等待就餐的时候，父母因聊天而忽视孩子，孩子会感到不舒服，这时如果父母能够给孩子找一些合适的话题，让他们参与到交谈中。

第2章
孩子的校园生活

进入新学期，有的孩子对上学热情高涨，甚至连生病都不想请假，而有的孩子却有点厌倦校园生活。喜欢上学的孩子一般喜欢和老师、同学在一起，喜欢集体生活。换言之，这些孩子和老师、同学相处得很愉快，他们感受到了交往的乐趣。对于融入学校生活不太顺利的孩子，父母要格外注意帮助孩子提升与老师、与同伴的交往能力。孩子只有在融洽的人际关系氛围中学习和生活，身心才能得到良好的发展。

1. 教会孩子换位思考

理解他人的感受、需求，学会换位思考是提升孩子整体社交能力的基础。如果孩子说话做事总是以自我为中心，只考虑自己的感受，会导致孩子与同学和老师的互动效果差，很难融入集体。

小学低年级的孩子对于交往对象的要求已经不像学龄前那样简单了。对于学龄前儿童来说，他们欢迎并接纳可以陪伴他们玩耍和可以逗他们开心的人。但是随着认知水平的提高以及学校集体生活环境的影响，小学低年级孩子更欢迎那些能够理解自己的感受，并且愿意帮助自己解决困难的人，往往也更愿意以相同的方式回报对方。这就如同父母爱孩子，孩子也爱父母一样。所以，乐于帮助别人的孩子往往会结交更多的朋友，获得老师更多的赞美，在他们遇到困难的时候，也会得到更多人的帮助。这样的互动产生的幸福感会促使孩子更喜欢学校的集体生活。

对于那些还没有学会理解他人感受并愿意伸出援手的孩子，父母需要帮助他们意识到帮助他人的必要性，感受到帮助他人的快乐。

让孩子意识到应该帮助他人

妞妞最近放学回家后总是向爸爸妈妈抱怨："我的同桌上课总是不注意听讲，做练习的时候总是不会做，还总问我怎么做。"

妞妞妈妈说："那你同桌不会做的题目，你有没有给他讲一讲啊？"

妞妞皱着眉头说："我才不给他讲呢，谁让他上课不认真听讲的！"

妞妞妈妈又说："妞妞，你仔细想一想，自己每堂课都能够完全听懂老师讲的知识吗？是不是有时候你即使认真听了，有的地方还是不明白，回家爸爸妈妈还要再给你讲？"

妞妞听了妈妈的话，抱怨语气稍减，又接着说："那他如果没听懂，也可以去问他的爸爸妈妈呀，我凭什么给他讲呢？他那么讨厌！"

妞妞妈妈耐心地说："也许他的爸爸妈妈最近工作很忙呢，可能没有时间给他讲。你忘了，前一阵子妈妈也总是加班，没有办法辅导你的功课呢！"

妞妞还是有些生气地说："如果我给他讲，就该耽误我学习了！"

妞妞妈妈继续耐着性子说："怎么会呢，宝贝！你给别人讲题，不但不会影响自己学习，反而会让你自己理解得更好！你想，如果你对知识的掌握都已经到可以给别人讲明白的程度，那不就像老师一样了吗？而且，你的同桌也可能是因为有些知识不会，所以上课学习新的知识时会很吃力，他才无法专心听讲。如果他不能专心听讲，就会影响你上课听讲，对吗？所以，你帮助同桌，其实也是在帮助你自己啊！”

听了妈妈的话，妞妞虽然觉得帮助同桌有点儿麻烦，但还是想先试试。

几天后，妞妞很高兴地对爸爸妈妈说：“我给同桌讲题得到了老师的表扬，同桌听课也比以前认真了，我也没那么讨厌他了。”

孩子有时不愿帮助别人，一是因为没有想到别人陷入困境的客观原因，二是因为没有体会到别人遇到困难时的痛苦，三是因为想不到帮助别人和自己有什么关系。所以，父母首先要引导孩子分析事情发生的原因。如果孩子能够明白有些事情的发生是不可避免的，陷入困境的人得到别人的帮助能更快克服困难，那么孩子会觉得应该帮助别人。其次，父母还要让孩子学会联想，从别人的困难联想到自己曾经遇到过的类似的困难，当时自己迫切需要别人帮助的心情。了解了别人的感受，孩子才会产生帮助别人解决问题的想法。最后，也是最重要的，要让孩子看到帮助别人的收获，例如，心情变得愉悦，能力得到提高，或者是和同伴的关系得到改善。

教育孩子帮助他人时先理解孩子的感受

新学期开学了，玥玥开始承担给同学们分发午餐的工作，可是几天后，玥玥就和爸爸妈妈说她不想做了。玥玥爸爸说：“可以为同学们做点事不是很好吗？”玥玥却委屈地说：“可是我每天负责分发午餐的话就会最后才吃饭，我很饿啊！”听了女儿的委屈，玥玥爸爸笑着说：“哦，原来是我们玥玥看着午餐不能吃有点嘴馋啊！爸爸明白饿肚子的滋味不好受，你能忍着饿给大家分发午餐真是不容易啊！可是如果是其他同学来分，他们同样会感到饿不是吗？其实，老师和同学们都明白你因为承担这项工作要比其他同学晚吃饭，他们都很感激你愿意承担这份责任，愿意忍耐着饥饿为大家服务的。”玥玥听了爸爸的话受到很大的安慰，也开始觉得晚一些吃饭还是非常值得的。

父母在教孩子体会他人感受的时候，首先要注意接纳孩子的情绪和感受，只有孩子感到自己的情绪和感受被接纳和理解了，他才能放松下来接受父母的开导。上面的事例中，如果玥玥的爸爸对于女儿忍着饥饿为大家服务的状态不能表示理解和并给予安慰，直接对玥玥说："不就忍一会儿饿吗，这没什么大不了的……"玥玥的情绪可能会变得更加激动，原本的抱怨可能会演变成对抗，问题也得不到解决。只有孩子感受到自己被别人理解，才会主动理解别人的感受，学会换位思考。

培养孩子的共情能力

孩子的共情能力不是仅在遇到冲突事件的时候才能培养，其实日常生活中很多细节都可以用来培养孩子的这种能力。例如，当对孩子的某些行为感到生气或难过的时候，父母一定要向孩子说明自己为什么生气或难过，也要告诉孩子自己什么样的举动、神情表示自己已经生气或难过了。学会推测他人的情绪和观点是产生共情的开始。再比如，和孩子一起读故事书的时候，父母要启发孩子思考故事中的人物为什么高兴或难过，他遇到困难时是什么样的心情，再启发孩子联想一下自己是否有过类似的经历，当时的心情是怎样的。学会将他人的痛苦和自己的体验联系起来并且明白自己为此感到难过的原因（例如，我伤心是因为他伤心），有助于孩子产生共情。另外，角色扮演也是一种训练孩子共情能力的有效途径，孩子在扮演角色的时候多会揣摩人物在特定情形下的内心感受。

拓 展 阅 读

共情能力指的是一种能设身处地体验他人处境，从而感受和理解他人情感的能力。培养儿童的共情能力是激发儿童道德行为动机的一种重要方式。同时，儿童的共情能力也有助于他们更好地理解他人，有利于人际关系的建立和维护。

2. 鼓励孩子与老师沟通

丁丁最近患了过敏性鼻炎，导致呼吸很不顺畅，特别是跑步的时候，他只能用嘴呼吸，很吃力。医生给丁丁开了假条，建议丁丁暂时不参加跑步一类的体育活动。早上，妈妈把医生开的假条交给丁丁，叮嘱他把假条交给老师，并向老师说明体育课时他不参加跑步活动。丁丁接过假条，面露难色地问妈妈："万一老师不同意怎么办呢？妈妈您能不能替我跟老师说一下？"妈妈耐心地解释说："你有医生开的假条，老师怎么会不同意呢？而且，这是你自己的事情呀，你要学着和老师说啊！只要你的请求是合情合理的，老师是会同意的。"丁丁听了妈妈的话后放松了些，但还是叮嘱妈妈一定要再和老师说一遍。

有些小学低年级孩子由于羞涩胆小，有时不敢向老师表达自己的想法或请求，想把事情推给父母，让父母成为他们的代言人。对此，父母要想办法增强孩子和老师交流、表达的自信，鼓励孩子主动与老师沟通，让老师及时了解自己的状况。老师了解情况后会给予孩子帮助和支持，这样孩子在学校的学习、生活才能更加顺利。

从简单的沟通做起

一些孩子在课堂上没有完全理解或掌握一些知识，下课后，他们也没有勇气向老师请教。针对这种情况，首先，父母可以告诉孩子，老师非常喜欢勤学好问的学生，因为有没有理解的知识课下去问老师，并不代表自己上课没有好好听讲，可能是自己的理解和老师的讲解有偏差。其次，让孩子知道学生向老师请教问题也有利于老师教学，通过学生的问题，老师可以发现课堂讲授中的欠缺之处，从而改进授课方式，让更多的学生理解并掌握知识。如果孩子仍然很胆怯，父母可以鼓励孩子从他最喜欢的任课老师开始尝试沟通。

妞妞非常喜欢上美术课，这学期美术老师组织同学们参加小学生绘画比赛，妞妞也报名参加了。妞妞对自己作品的色彩和构图不是很满意，她想让妈妈帮她问问美术老师。妞妈趁此机会鼓励妞妞自己去问老师。因为妞妞特别喜欢美术课以及美术老师，她便鼓起勇气去了老师的办公室并且得到了老师的指导，妞妞感到非常高兴。此后，因为想把参赛的作品修改得更完美，妞妞经常去请教美术老师。有了这样愉快的体验后，妞妞也不再觉得找老师问问题是件令自己为难的事情了。

如果孩子对与老师交流仍然感到有困难，父母可以就一件事情和孩子在家里进行演练。例如，父母扮成老师，让孩子面对"老师"说出自己的请求。这样父母可以发现孩子的措辞以及表达不妥之处，然后帮助孩子改善。在家里经过几次练习后，孩子在真正和老师交流的时候就会放松心情。

教会孩子一些沟通技巧

父母除了要培养孩子与老师交流的勇气外，还要教给孩子一些沟通的技巧，教导孩子以诚恳的态度与老师交流，平时在家里也应培养孩子以尊重、诚恳的态度和语气与长辈说话的习惯。

3. 培养孩子的交友能力

婷婷、萱萱、沫沫是亲密的好朋友，她们每天放学后都会在社区的公园里玩耍。秋天来了，公园的大树上结出果子，三个孩子都想摘下果子。婷婷是三个孩子中个子最高的，萱萱和沫沫一起鼓动婷婷爬上大树去摘果子。婷婷看着高大的树，心里明知道这样做很危险，也没有把握摘到果子。但是，她又不忍心让好朋友失望，于是鼓起勇气爬树去摘果子。可是当她摘到果子下来时，一只脚不小心被树杈卡住，她心里一慌，手一滑，整个人从树上跌了下来，结果摔断了胳膊。因为摔伤比较严重，婷婷被送进医院手术治疗，出院后又在家里休养了一段时间。

孩子十分看重友谊，害怕因为拒绝朋友的请求而失去朋友，所以一些孩子会像婷婷一样，明知道有些事情超出自己的能力范围，但是为了满足朋友的请求也会"铤而走险"。针对这种情况，父母需要格外留意，并积极培养孩子的交友技巧，特别是如何处理朋友关系中出现的冲突。孩子如果能通过积极的方式化解分歧，同时仍能达到自己的目的，一般不必担心会失去朋友。

在与朋友协商沟通方面，可以教孩子使用下列技巧（以婷婷的故事为例）：

（1）表达个人的权利、需要或感受："我觉得那棵树太高了，我爬上去会有危险的。"

（2）倾听并且认可别人的权利和感受："你们说得对，我的个子最高，可能比你们俩爬上树要容易一些。"

（3）对冲突建议采用非暴力的解决办法："咱们看看还有没有其他办法可以摘下果子。"

（4）提出解决方案，并且解释背后的理由："咱们可以去问问我妈妈，她也许会有好办法。"

（5）温和地拒绝不正当的要求："不，这样做太危险了，我有可能会从树上跌下来。"

（6）接受合理的分歧："是的，爬树摘果子是个办法，但太危险了，我觉得还会有更安全的办法。"

孩子不可能一生下来就知道交朋友并维护友谊的最好方式，他们要依靠观察他人的行为并且不断练习、尝试各种社交行为和经历一些行为结果才能获得这些方法。在尝试的过程中，孩子可能会经历挫折，父母要注意给予孩子及时的疏导，并且让孩子明白在交友的过程中哪些事情可以妥协，哪些事情不能妥协。

第 3 章
孩子的社会体验

孩子进入小学后会有更多的机会乘坐公共交通工具出行、到博物馆参观等。随着年龄的增长，他们开始在各种才艺展示和比赛中崭露头角，并且接触更多互联网信息。孩子们在各种社会场所中变得越来越独立，开始慢慢学习如何成为一个社会公民。

1. 安全乘坐公共交通工具

乘坐公交车、地铁对于很多孩子来说是常事，但是大多时候都由家人陪同。如果有人提议让一、二年级的孩子单独乘坐一次公共交通工具，那么大多数父母会反对。父母可能不知道什么时候才可以放心地让孩子独自乘坐公共交通工具出行，但是在这一天到来之前，可以慢慢地帮助孩子做好准备。孩子需要了解乘坐公共交通工具的规则、安全事项以及路线图等。

首先，要了解乘车信息

父母在带孩子乘坐公共交通工具出行的时候，要帮助孩子学习如何看车站牌、路线图，指导孩子如何购买车票以及如何向工作人员或路人问路。

其次，要遵守公共秩序

父母要让孩子了解候车时要排队，不可拥挤，有秩序上下车，上车乘客要先为下车乘客让行，等等。另外，如果有乘客给孩子让座，父母需要教孩子使用礼貌用语表达感谢，不可主动索要座位，要把座位让给更需要的人。

最后，要注意安全

父母可以引导孩子在地铁站台候车时要站在站台安全的范围内，例如站在有警示作用的黄线外；乘公交车时，不要将头或手伸出车窗外；站在车厢内要抓牢扶手，不可在车厢内跑动；乘车时不要吃东西……这些都是孩子乘坐公共交通工具时要牢记的安全事项。

2. 参观游览开眼界

为了让孩子增长见识、开阔眼界，很多父母会利用假期带孩子去科技馆、美术馆、博物馆、主题公园等场所参观游览，有时也会带孩子听音乐会，看话剧演出，或带孩子去更远的地方旅行。父母费尽心思、变换花样地策划着孩子的假期活动，但是孩子究竟从这些活动中获得了什么，感受到了什么呢？"见到了"并不等于"见识了"，走马观花式的游览只会让孩子眼花缭乱，并未给孩子留下深刻的印象。如果说孩子小时候去参观游览只是看热闹，那么孩子上小学以后的游玩则应该有侧重点，父母要着眼于孩子的具体收获。

提前查看参观游览简介

为了避免走马观花式的参观，父母可以和孩子一起在参观游览前登录参观地的网站查阅资料，大致了解参观的内容。这样做的好处如下：一是确认孩子是否对参观的内容感兴趣；二是提前做好规划，使孩子有更多的时间仔细观看感兴趣的内容；三是提前储备参观地知识，以便在参观时为孩子提供帮助。除此之外，在参观过程中，父母可以提示孩子通过查看参观场所简介了解更多的信息。

遵守游览的公共秩序

孩子进入小学后，能够逐渐有意识地遵守学校制定的学习规范和生活秩序，也可以在父母的指导下遵守参观游览秩序。父母可以指导孩子在参观前查看参观场所制定的文明参观须知。在参观的过程中，告诉孩子要像参加学校的集体活动一样，不能大声喧哗，不能随意跑动，一些体验项目需要耐心排队，不可拥挤或插队。

细心观察事物，收获不必"大而全"

很多孩子在参观的过程中只是粗略地游览，并没有留心观察细节，对参观内容印象不深。对于参观游览的收获，父母不必追求"大而全"，只要孩子通过游览对一件事物留下深刻的印象，就有所收获。一些常设的展览，父母可以带孩子多次参观，因为孩子在不同的年龄段参观同样的场馆会获得不同的感悟。所以，父母要在孩子感兴趣的地方引导他们细心观察，可以让孩子通过拍照、画图等方式记录参观内容。

3. 才艺展示练能力

有些父母让孩子学习才艺主要是为了培养他们的兴趣和品质，让孩子参加才艺展示或比赛并非只是为了让孩子拿到名次或证书，而更重视孩子在这个过程中的学习和成长。其实，孩子参加才艺展示或比赛的好处还是很多的。

克服恐惧，培养自信

经常参加才艺展示或比赛的孩子往往更加自信，他们敢于在众人面前演讲、主持、表演，通常是学校各项活动中的活跃分子。孩子可以通过才艺展示或比赛有意识地克服在众人面前表演的紧张心理，不再因为害怕而退缩，也会在一次次的才艺展示和比赛中感受到不断挑战和突破自我的快乐，比赛结果对于孩子而言并不是最重要的。因此，父母对于比赛输赢和得失的定义应该是孩子在心理上是否战胜了自己，是否变得更加自信、从容，这样孩子参加才艺展示或比赛时的心理负担也会减轻很多。

学习人际交往

孩子在参加才艺比赛时会经常遇到来自各个地方、各个年龄段的参赛选手，这是一个难得的交友、交流的机会。在候场的时候，孩子会自己摸索结识新伙伴的方法。如果是团体比赛，可以锻炼孩子的团队合作能力。

学习独立

有些才艺比赛的主办方为了维持良好的秩序和比赛环境，会禁止 5 岁以上孩子的家长进入正式的比赛场地。这就要求孩子暂时离开父母的监护，独自处理好比赛的各种事项，例如看管好自己的比赛服装、道具，适时地增减衣物、补充水分，等等。这样的比赛对于孩子的独立能力是一种挑战，同时也能锻炼孩子随机应变的能力。孩子要熟记自己的出场顺序，有不懂的问题时主动和工作人员沟通，要能独自处理一些摩擦或矛盾。

所以，父母在孩子参加比赛之前，要帮助孩子做好应对突发情况的准备。

4. 互联网世界奥妙多

互联网已经成为小学生获取信息的一个重要途径，孩子可以利用网络查阅自己想了解的知识，搜索歌曲、图片，甚至动画片、电影、电视剧。只要有一部手机或一台电脑，孩子便可以轻松打开互联网世界的大门。

但是，这扇大门背后的世界纷繁复杂，父母最好陪伴孩子一起上网搜索信息，为孩子推荐适合他们的网站，教会孩子如何利用关键字词搜索。对于一些长期沉迷于网络游戏或者观看影视剧的孩子，父母不妨尝试以下策略。

策略一：和孩子约定好每天或者一周上网的时间

为了避免孩子没有节制地上网，父母可以和孩子商量一个双方都觉得合适的时间表，例如，每天如果按时完成学习任务，可以上网 20—30 分钟。父母可以在孩子每次上网前定闹钟，让闹钟的铃声作为结束上网的标志，其效果要优于父母一遍又一遍的催促。父母要提醒孩子尽量选择一项 30 分钟内可以结束的网络娱乐活动。

策略二：培养孩子对其他活动的兴趣

一些孩子喜欢网络世界是因为他们在现实生活中没有找到感兴趣的活动，久而久之，便喜欢宅在家里上网。如果父母能抽出时间陪伴孩子进行户外体育运动、参观游览、亲子阅读，孩子有了更广阔的视野和更多的体验，一般就不会沉迷于网络了。例如，孩子非常喜欢看电视剧，那么父母就可以告诉孩子很多电视剧是根据文学名著改编的，在看完电视剧后，可以引导孩子阅读原著。这也是把孩子的兴趣从互联网转移到其他活动上的办法。